Wolfgang Schnepper I Manfred Claßen

E-Jugendtraining

www.kinder-training.info

20 komplette Trainingseinheiten

Die Autoren:
Manfred Claßen, Jahrgang 1966,
1980-1983 mehrfacher Juniorenauswahlspieler,
er erhielt zu der Zeit ein Angebot des
Bundesligisten Bayer Uerdingen,
1984 komplizierte Sprunggelenksverletzung und
das Ende seiner aktiven Spielzeit,
Fußballabitur 1986 mit der Note "sehr gut",
Trainer 1992-1996 zusammen mit Diplom-Sportlehrer
Wolfgang Schnepper im Gesundheitsstudio in Willich,
2004 bis heute Jugendtrainer, 2010 gründete er die
Informationsseite www.fussball-taktik.info

Wolfgang Schnepper, Jahrgang 1964, Diplomsportlehrer,
Ex-Bezirksligaspieler im Fußball,
1988-89 in der deutschen Triathlonspitze,
1990 Bayerischer Meister im Body-Building,
1998 Konditionstrainer im bezahlten Fußball

Bibliografische Informationen der Deutschen
Nationalbibliothek: Die Deutsche Nationalbibliothek
verzeichnet diese Publikation in der Deutschen
Nationalbibliografie; detaillierte bibliografische Daten sind
im Internet über http://dnb.d-nb.de abrufbar.

©2013 Manfred Claßen / Wolfgang Schnepper
Herstellung und Verlag: Books on Demand GmbH
Norderstedt
Satz und Layout: Manfred Claßen
Grafiken und Bilder: Manfred Claßen, coachfx
Covergrafik: © iStockphoto LP
ISBN 978-3-7322-3928-3

Inhalt

Inhalt

Inhalt

Inhalt

Inhalt

11. Trainingseinheit (Spaßeinheit in Turnierform)

12. Trainingseinheit (Geschicklichkeit von Dribbling und Übersicht)

13. Trainingseinheit (leichte Taktik/Schusstraining)

Inhalt

14. Trainingseinheit (Flanken/Torschuss)

15. Trainingseinheit (Kopfballtraining)

Inhalt

Inhalt

20. Trainingseinheit

Vorwort

Vorwort

Trainer/innen und Übungsleiter/innen haben in Bezug auf Bambini, F-Jugend und E-Jugend eine extrem große Verantwortung, die von vielen Erwachsenen vollkommen unterschätzt wird.

Noch niemals zuvor haben so viele Mädchen und Jungen bereits im Vorschulalter Fußball gespielt. Wenn wir die Kinder in diesem Alter begeistern wollen, muss das Training vom ersten Moment an Spaß machen.

Wenn wir allerdings Inhalte und Methoden aus dem Jugendbereich auf den Kinderfußball kopieren, erreichen wir genau das Gegenteil und die Anzahl fußballspielender Kinder schrumpft in meinem Verein zusehends.

Die ersten Eindrücke des Sport- bzw. Fußballvereins sind entscheidend für den sportlichen Werdegang der Kinder.

Bei einem fehlerhaften Verhalten des Trainers, der Eltern, der Betreuer usw. können die kleinen Sportler einen negativen ersten Eindruck bekommen, unvorteilhafte Erfahrungen sammeln und im schlechtesten Fall eine Aversion gegen jeden Fußballverein aufbauen.

Hier erkennen wir die große Bedeutung des richtigen Verhaltens von Trainern und Betreuern, die oftmals überhaupt keine Ausbildung, kein fachspezifisches Wissen oder Menschenkenntnis (hier in Bezug auf Kinder) besitzen.

Schon vor „Urzeiten" wurden Vorschulkinder und Kinder häufig in Turn- oder Leichtathletikvereine geschickt, um die körperliche Entwicklung zu fördern und Bewegungsmängel vorzubeugen (manchmal bekannten sich Kinder dann erst

13

viele Jahre später zu anderen Sportarten, bei Jungen war es meistens der Fußballverein).

Die Kinder absolvierten dort Lauf-, Wurf- oder leichte Sprungübungen. Sie turnten und wurden mit leichten Ballspielen vertraut gemacht und auch das Fußballspielen war dabei.

Eine vielseitige motorische und muskuläre Entwicklung war gewährleistet, natürlich wurden damals wie heute viele pädagogische und methodische Fehler gemacht.

Deswegen brauchen wir besonders im Kinder- und Jugendbereich qualifizierte Kräfte (es muss hier natürlich keine offizielle Ausbildung sein).

Heute kommen immer mehr Kinder direkt zum Fußball, was für die Trainer/innen eine große Verantwortung für das gesundheitliche Wohl der Kinder bedeutet. Ausgebildet für diese Tätigkeit sind nur wenige Übungsleiter/innen.

Der fußballerische Aspekt steht bei der F- und E-Jugend, im Gegensatz zu den Bambinis, immer mehr im Vordergrund. Weiterhin wird aber auf eine vielseitige Ausbildung, in Form von Laufen, Springen, Werfen, Ballspiele und Spiele unterschiedlichster Art, Wert gelegt. Die Kinder sollen hier eine grundlegende sportliche Ausbildung bekommen, wobei der Spaßfaktor und die Gemeinschaft im Vordergrund stehen. Hiermit wird die Basis für die weitere sportliche und soziale Entwicklung gelegt.

Vorwort

Auch in der F- und E-Jugend müssen die Kinder das Gefühl vermittelt bekommen, dass sie von der Gemeinschaft gebraucht werden (was ja auch so ist), dass jeder ein wichtiges Mitglied der Mannschaft ist (unabhängig von der Leistung), und dass jeder Spieler ein gleiches Maß an Lob und Anerkennung von Eltern, Betreuern und Trainern verdient.

Der Trainer/in hat nun auch die wichtige Aufgabe, geschickt und freundlich allzu ehrgeizige Eltern zu mäßigen, den Leistungsdruck fast ganz herauszunehmen (bei Bambinis) oder den Leistungsfaktor in einem angemessenen Rahmen zu halten (F- und E-Jugend). Wettkampfspiele sind mit einem großen Spaßfaktor zu belegen und es wird überwiegend in kleinen Gruppen gespielt.

Bambinis brauchten mehr als Fußbälle, Pylonen und Slalom-stangen. Wie z.B. Bälle in allen möglichen Größen und Ge-wichten, Spielplätze mit leichten Kletterparcours, Reck (zum Schwingen und Hängen), Schaukeln, Rutschen und einem kleinen Bolzplatz, Turnhalle mit Geräten wie Bällen, Turnmatten (für leichte Turnübungen wie Purzelbaum und Strecksprung), Seile zum Balancieren und Springen (z.B. schwingt der Trainer ganz langsam ein Seil flach über den Boden und die Kinder springen im richtigen Moment darüber), Schaumstoffbälle für viele verschiedene Spiele (auch für Abwurfspiele und Kopfbälle), Tischtennisausstattung und auch kleine Sachen wie Luftballons und Seifenblasendosen.

Vorwort

Merke: In der F- und E-Jugend treten diese Dinge in den Hintergrund und das fussballspezifische Training wird immer weiter ausgebaut. Eine vielseitige sportliche Entwicklung wird nun z.B. auch durch den Schulsport gefördert. Fangspiele, Staffeln, „fußballfremde" Ballspiele usw. sollten aber weiterhin gelegentlich im Training eingebaut werden.

Wir haben es weiterhin mit Kindern zu tun, die spielen und Spaß haben wollen.

Schwierige technische Übungen, hohe konditionelle Belastungen (z.B. langes Einlaufen oder weite Sprints), die Schulung irgendeiner komplizierten Taktik, lange Erklärungen und aufkommende Langeweile haben bei den Bambinis, F- und E-Jugend nichts zu suchen.

Die vielseitige sportliche Betätigung und das Spielen in Gruppen ist unabdingbar für die Entwicklung der Motorik, Schulung von Sozialverhalten und Empathie, Vorbeugung von Haltungsschwächen und –schäden und zur Förderung einer sportlichen und menschlichen Persönlichkeit.
Die Übungen und Spiele dürfen für die F- und E-Jugend nicht zu schwierig sein und auch keine zu hohe Konzentration erfordern, da die Kinder sonst zu schnell ermüden.

# Taktik im Kinderfußball

Ausgangssituation

Leider sieht man fast bei jeder Bambini-, F- und E-Jugendmannschaft immer wieder eine Tendenz der Trainer, ihre Spieler mit starren Positionen zu belegen. Es heißt dann: Du spielst hinten rechts, Du hinten links usw.. Im Spiel hört man dann: Bleib hinten oder bleib vorne etc.
Warum wird das so gemacht?
Warum versuchen Trainer den jüngsten Mannschaften eine solche Struktur zu geben?

Was versprechen sich diese Trainer davon?
Wir wissen es nicht!!!

Machen wir mal einen großen Sprung in den **Jugend-bzw. Seniorenbereich.**
Hier versucht mittlerweile fast jeder Trainer, seine Mannschaft modern spielen zu lassen. Es wird in der Regel sehr viel Wert auf taktische Verhaltensweisen gelegt. Geprägt wird der moderne Fußball besonders durch zwei elementare Verhaltensweisen:

1. ballorientiertes Verschieben
2. Abkehr von der Manndeckung

Kommen wir zurück zum **Kinderfußball**:
Durch die oben angesprochene Reglementierung der Spieler wird genau das verhindert, was wir später wieder mühsam trainieren müssen, und zwar ballorientiertes Verschieben und

 # Taktik im Kinderfußball

Raumdeckung, Übergeben, Übernehmen etc.

Lässt man die Kinder einfach intuitiv ihr Spiel machen, sehen wir Folgendes:
alle Spieler der Mannschaft (egal, ob Ballbesitz oder nicht) verschieben Richtung Ball. Mit anderen Worten: Alle laufen hinter dem Ball her. Keiner (Ausnahme sind Kinder, die z.B. Blümchen pflücken oder Sonstiges) bleibt irgendwo starr auf seiner Position. Alle haben Spaß und sind in ständiger Bewegung. Manndeckung gibt es bei diesem System nicht! Das heißt natürlich nicht, dass die Spieler keine Positionen bekleiden sollen. Vielmehr geht es darum, ihnen so viele Freiräume zu geben, wie möglich. Praktisch bedeutet dies, dass jeder Spieler (z.B. ein Abwehrspieler) sich ständig mit nach vorne und hinten einschalten sollte. Es reicht, einem Abwehrspieler zu sagen: Wenn der Gegner den Ball hat, läufst du bitte nach hinten. Unsere Erfahrung hat gezeigt, dass Bambini -und F-Jugendspieler dies nach relativ kurzer Zeit umsetzen können.

Merkmale von F-Jugend

Zusammenfassung und Zusammentragung der wichtigsten Daten in Bezug auf F-Jugend/E-Jugend im Fußball:

Persönlichkeitsmerkmale von F- und E-Jugend

Die Eigenschaften von F- und E-Jugend sind relativ identisch. Die Koordination, Konzentrationsfähigkeit und die Muskulatur sind noch relativ schwach ausgebildet.

Die Kinder haben in diesem Alter einen hohen Bewegungsdrang, scheinbar unendliche Spielfreude und begeistern sich am Wettspiel mit anderen Kindern.

Weiterhin übernehmen Eltern, Betreuer und Trainer eine hohe Vorbildfunktion für die Kleinen.

Ziele des F- und E-Jugendfußballs

Das Trainieren der Fußballgrundtechniken, das Grundlagentraining für Koordination und Kondition und die Förderung des Spaßes am Fußball, stehen ganz oben auf dem Trainingsprogramm.

Jedes Kind wird gelobt und damit sein Selbstvertrauen gestärkt. Die Wichtigkeit der Gemeinschaft wird immer wieder betont, und die Spielphilosophie ist ganz einfach „Tore erzielen und Tore verhindern".

 # Betreueraufgaben

Betreueraufgaben (Trainer/in) für F- und E-Jugend

- Nur, wenn die Erwachsenen den Kindern mit Offenheit, Herzlichkeit und eigener Begeisterung begegnen, fühlen sich die Kinder wohl und sind gut aufgehoben.
- Die Kinder werden immer wieder gelobt und motiviert.
- Positive Werte und Charaktereigenschaften vorleben!
- Spaß und Freude vermitteln, Motivation wecken – eine eigene Begeisterung für das Fußballspielen vorleben.
- Schlechte Leistungen von Kindern werden nicht kritisiert.
- Allzu ehrgeizige Eltern werden vom Trainer oder der Trainerin freundlich aber bestimmend gedämpft.
- Negative Zurufe von den Zuschauern und Eltern an die Kinder, den Schiedsrichter, die Betreuer oder den Trainer bzw. Trainerin sind zu unterlassen. Hier müssen die Betreuer und Trainer freundlich eingreifen.
- Jedem Kind wird der gleiche Respekt zugesprochen.
- Gefährliche Übungen werden im Kindertraining nicht eingesetzt, wie Kopfballtraining mit harten Bällen oder Tacklingübungen von hinten oder der Seite.
- Eine kurze Besprechung vor einem Spiel ist vollkommen ausreichend.
- Jedes Kind darf längere Zeit spielen, hierbei wird nie auf Spielstand oder sogar Taktik geachtet.

Betreueraufgaben

- Bei einem Foulspiel wird den Kindern erklärt, was nicht richtig war.
- Der Trainer oder die Trainerin begrüßen und verabschieden die Kinder immer innerhalb der ganzen Gruppe.
- Die Kinder werden immer angefeuert und bei Toren oder Auswechslungen sollte abgeklatscht werden.
- In der Halbzeitpause den Kindern immer Getränke anbieten. Die Halbzeitansprache ist sehr kurz und die Kinder werden dabei persönlich aufmunternd angesprochen.
- Genügend Zeit zum Einspielen sollte immer gegeben sein.
- Die Kinder werden immer für ihre Stärken gelobt, aber nicht auf ihre Schwächen angesprochen (das kommt dann später bei den Jugendlichen noch früh genug).
- Trainer und Betreuer wirken als Vorbilder für Kinder.
- Trainer im Kinderfußball sind nicht nur Technik- oder Taktikvermittler. Sie sind auch Tröster, Streitschlichter, Spaßmacher, Erzieher und Freund.
- Sensibilität für Probleme von Kindern zeigen und Lösungsmöglichkeiten finden.

Spielfeldgröße (Lage) für die F-Jugend

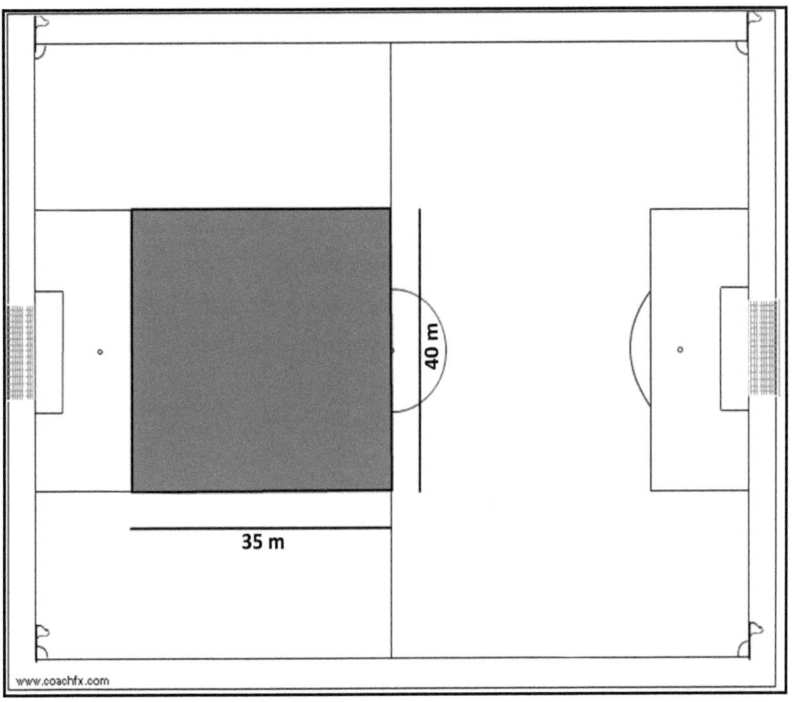

Anzahl der Spieler:	bis zu 7 Spieler/Spielerinnen pro Mannschaft
Tormaß:	bis zu 5 x 2 Meter
Spielfeld-Größe:	40 x 35 Meter

Das Spielfeld ist auf zwei Seiten durch eine Strafraum- und die Mittellinie begrenzt, um einen "Liniensalat" auf dem Fußballfeld zu verhindern. Die anderen Linien können durch Markierungsteller ersetzt werden.

SPIELREGELN

Bambini und F-Jugend

- Alter der Spieler:
  Bambini-/Mini-Kicker einer Spielzeit sind Jungen und Mädchen, die im Kalenderjahr, in der das Spieljahr beginnt, das 6. Lebensjahr vollenden oder vollendet haben und jüngere Spieler.
  F-Jugend (U 9/U 8): F-Junioren einer Spielzeit sind Spieler, die im Kalenderjahr, in dem das Spieljahr beginnt, das 7. oder das 8. Lebensjahr vollenden oder vollendet haben.
- Eine Veranstaltung mit Spielfestcharakter sollte nicht länger als drei Stunden dauern.
  Spielrunden: Mannschaften können zu Freundschaftsspielrunden gemeldet und vom Kreisjugendausschuss organisiert werden.
- Spielerzahl: 7 : 7 mit beliebigem Ein- und Auswechseln
- Spielfeld: ca. 35 m x 25 m bei Bambini/ca.
  40 m x 35 m bei F- Junioren
  Außenlinien können mit „Hütchen" markiert werden.
  Tore: höchstens 5 m x 2 m mit absolut stabilem Stand
- Spieldauer: max. 2 x 20 min.
  Max. Spielzeit pro Mannschaft bei einem Turnier: 80 min.
- Spielball: Größe 4 (290 g)
- Keine Abseitsregel und keine Rückpassregel
- Abstoß: aus der Hand oder vom Boden
- Einwurf: Ein falscher Einwurf wird nicht geahndet, sondern nur der Fehler erklärt.

 # SPIELREGELN

- Regelwidriges Spiel: Regelwidrigkeit erklären, Freistoß nur direkt, Strafstoß (8 m) (nur bei schweren Vergehen)
- Spielleiter: Stellen die beteiligten Vereine
- Eine notwendige Entscheidung wird durch Verlängerung und/oder Achtmeterschießen herbeigeführt.

Spielfeldgröße (Lage) für die E-Jugend

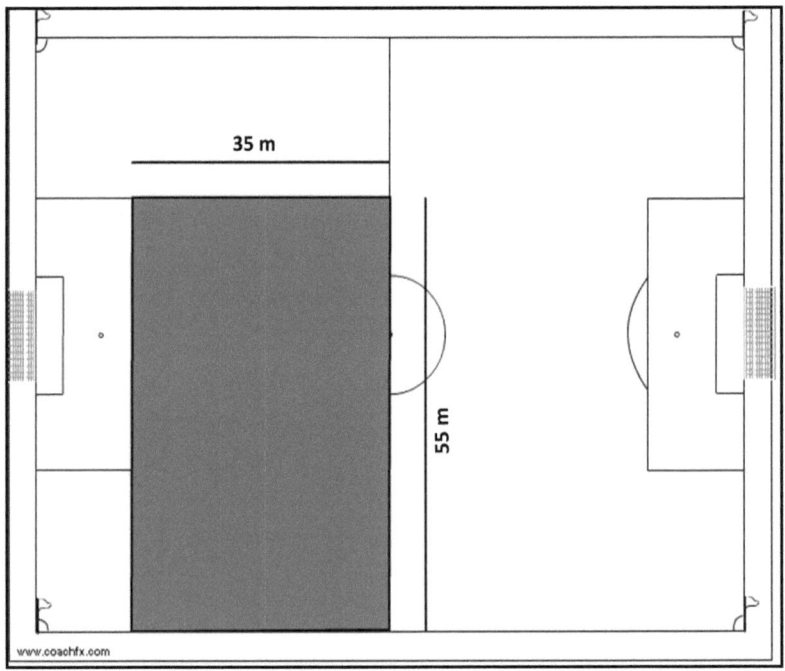

Anzahl der Spieler:	7 gegen 7 (inklusive Torhüter)
Größe der Tore:	5 Meter breit, 2 Meter hoch
Spielfeld-Größe:	etwa 35 x 55 Meter

Spielregeln für die E-Jugend

- Die Abseitsregel ist aufgehoben.
- Die Rückpassregel für den Torwart existiert nicht.
- Es gibt nur direkte Freistöße und der Strafstoß (nur bei schweren Vergehen) erfolgt aus 8 m Torentfernung.
- Der Abstoß kann auch abgeworfen werden.
- Es gibt keine Karten, sondern der Regelverstoß wird kurz erläutert.
- Wiederholtes Ein- und Auswechseln, auch der gleichen Spieler, ist erlaubt.
- E-Junioren: Leichtspielball Größe 5 (290 g)
- E-Junioren einer Spielzeit sind Spieler, die im Kalenderjahr, in dem das Spieljahr beginnt, das 9. oder das 10. Lebensjahr vollenden oder vollendet haben.
- Die Spieldauer beträgt 2 x 25 Minuten.
- Eine notwendige Entscheidung wird durch Verlängerung und/oder Achtmeterschießen herbeigeführt.
- Den Spielleiter stellen die beteiligten Vereine.

Trainingseinheiten für F- und E-Jugend

Dauerte bei den Bambini eine Trainingseinheit noch 60 Minuten, wird diese in der F-Jugend auf 70 – 80 Minuten und in der E-Jugend auf 80 – 90 Minuten verlängert.

Warum sollte eine Trainingseinheit bei den Bambini 60

Trainingseinheiten für F- und E-Jugend

Minuten und in der F-Jugend 80 Minuten nicht überschreiten?

Wie schon erwähnt, ermüden die Kleinen schnell, die Muskulatur ist noch schwach ausgebildet, die Leistungsvoraussetzungen sind sehr unterschiedlich und die Konzentrationsfähigkeit ist noch sehr gering.
Wichtig ist, dass jede größere Überforderung der Kinder vermieden werden muss.
Bei den ersten Anzeichen von Ermüdungen bei einem Kind, wird dieses geschickt im weiteren Trainingsverlauf geschont.

Auch dürfen wir nicht vergessen, dass Kinder ein ganz anderes Zeitempfinden haben. Eine Stunde konzentriertes Bewegen und Spielen der Bambini/F-Jugend ist gleichzusetzen mit drei Stunden Training für Erwachsene.
Besondere Vorsicht ist bei hohen Außentemperaturen geboten. Ausreichend Getränke müssen bereit stehen, und es werden immer wieder Pausen im Schatten eingelegt.
Bei extremen Außentemperaturen werden nur Spiele locker im Schatten absolviert.

Merke: Der Trainer oder die Trainerin hat eine hohe (volle) Verantwortung gegenüber den Bambini oder den F-Junioren. Bei extremen Wetterlagen wie Hitze und hohe Ozonwerte oder Sturm mit Regen sollte genau überlegt werden, ob und wo das Training stattfindet.

 # Allgemeiner Aufbau des F- und E-Jugendtrainings

- Es gibt kein gezieltes Aufwärmprogramm. Vor jeder Trainingseinheit dürfen sich die Kinder, sofort mit oder ohne Ball (wie jeder will), in der Gruppe oder Einzeln, frei bewegen. Kinder in dieser Altersklasse müssen und wollen sich sofort austoben.

- Im weiteren Verlauf werden Grundlagen der Balltechnik, Motorik und ab der E-Jugend auch schon leichte athletische Übungen trainiert. Nicht sportartspezifische Fang- und Ballspiele treten, vor allem in der E-Jugend, in den Hintergrund. Eine allgemeine sportliche Ausbildung wird jetzt auch vom Schulsport unterstützt. Gänzlich sollten aber diese Spiele und Wettkämpfe nicht aus dem Training entfernt werden. Beispiele dieser Übungsreihen werden hier nicht mehr aufgeführt, sie wurden ausführlich in unserem Buch „Bambini/F-Jugend" behandelt.

- Im Techniktraining werden nicht immer die gleichen Übungen eingebaut, sondern Abwechslung ist hier angesagt, in häufiger Verbindung mit Wettkämpfen.

- Leichte Erklärungen, leicht verständliche Übungen und geringe Wartezeiten sind unbedingt erforderlich. Die Kinder brauchen häufigen Ballkontakt und viel Bewegung.

- Stationentraining in kleinen Gruppen sollte oft erfolgen.
Bereits in der F-Jugend kann durchaus ein Stationentraining eingesetzt werden. Die Übungen sollten leicht verständlich sein und kurz und präzise erklärt werden. Der Übungsaufbau darf nicht viel Zeit in Anspruch nehmen und

Allgemeiner Aufbau des F- und E-Jugendtrainings

die Kinder nicht langweilen oder nerven. Am besten ist es, der Trainer baut die Stationen schon vor dem Training auf. Bei den meisten Übungen sollten sowieso nur Bälle eingebaut werden. Die Übungsdauer an den jeweiligen Stationen wird auf maximal 5 Minuten begrenzt.

Hier geben wir Beispiele für mögliche Übungen im Stationentraining, möchten aber betonen, dass man hier der Phantasie freien Lauf lassen kann. Die hier vorgestellten Übungen wurden von uns noch nicht alle im Training eingebaut, aber grundsätzlich hat sich das Stationentraining in der F- und E-Jugend bewährt und den technischen Leistungsanstieg tatsächlich beschleunigt.

Mögliche Übungen im Stationentraining:
(3 – 4 Personen pro Übung, der Trainer sorgt bei einigen Übungen dafür, dass die jeweiligen Positionen in den Übungen rechtzeitig gewechselt werden)

a) Ein Spieler wirft den Ball aus kurzer Entfernung zu, der andere soll den Ball mit der Seite oder dem Spann zurückspielen, abwechselnd links und rechts. Der Ball sollte maximal in Kniehöhe zugeworfen werden.

b) In einem abgesteckten Feld spielen sich die Kinder die Bälle flach und direkt zu, und müssen dabei abwechselnd den linken und rechten Fuß einsetzen. Der Pass erfolgt mit der Innenseite und wird relativ hart und präzise geschossen. Der Abstand der Spieler beträgt 5 – 10 Meter.

c) Es erfolgt ein Einwurfwettbewerb auf Weite oder

Allgemeiner Aufbau des F- und E-Jugendtrainings

Genauigkeit. Ein Kind wirft auf Weite oder in ein kleines abgestecktes Feld. Die anderen markieren die erzielte Weite mit einer Pylone und stoppen den Ball. Bei einem Wettbewerb auf Genauigkeit bekommt der jeweilige Spieler einen Punkt, wenn er in das abgesteckte Feld trifft. Derjenige mit den meisten Punkten oder der größten Weite, hat bei dem nächsten Stationenwechsel gewonnen. Der Trainer achtet hin und wieder auf die korrekte Ausführung des Einwurfs (die Unterstützung von Betreuern in einem Stationentraining ist in der F- und E-Jugend von großem Nutzen).

d) An dieser Station wird ein Elfmeterwettkampf durchgeführt. Am besten steht ein kleines Tor etwas vor dem großen Tor. Verschossene Bälle landen so meistens im großen Tor und die Laufwege sind verkürzt. Ein Spieler steht im Tor, zwei oder drei Spieler beginnen mit dem Elfmeterschießen. Begonnen wird aus einer Entfernung von sieben Metern. Der Schütze, der verschossen hat, tauscht mit dem Torwart. Bei der Verwandlung eines Elfmeters schießt der nächste Schütze aus acht Metern, wird dieser verwandelt, geht es wieder ein Meter zurück usw. Wird ein Elfmeter gehalten, wird er um einen Meter vorverlegt, aber nicht näher als sieben Meter.

e) Hier werden Torschuss- und Freistoßübungen in allen möglichen Variationen in der kleinen Gruppe trainiert, wie z.B. mit Doppelpass oder Dribbeln durch Fahnenstangen vor dem Torschuss und auch Direktabnahmen nach einer kurzen Ecke. Hierbei kann ohne Torwart oder mit einem festen

Torwart trainiert werden.

f) Die Spieler schießen sich den Ball hoch zu und stehen dabei mit dem größtmöglichen Abstand zueinander. Das angespielte Kind soll den Ball sicher stoppen und zum nächsten Spieler passen.

g) Fußballspiele zum Schluss des Trainings sind Pflicht, hierauf freuen sich die Kleinen ganz besonders. Es sollte in Gruppen, von „4 gegen 4" bis „6 gegen 6", gespielt werden, damit häufige Ballkontakte garantiert sind.

Merke: Alle folgenden Trainingseinheiten sind in der Regel keine Unterforderung für die F- oder E-Jugend. Viele Übungen werden auch noch im Seniorenbereich immer wieder trainiert. Die Leistungsstärken sind aber in diesem Alter höchst unterschiedlich und zwar von Mannschaft zu Mannschaft oder Spieler zu Spieler. Bei einer eventuellen Überforderung einer Mannschaft durch einzelne Übungen bitten wir um Verständnis. Hier ist dieser Trainingsabschnitt sofort durch eine andere Übung zu ersetzen.

1. Trainingseinheit (Training technischer Grundlagen)

Zu Beginn jeder Trainingseinheit empfiehlt es sich, den Kindern eine freie „Austobphase" zu gewähren. In den ersten Minuten des Trainings dürfen sie sich frei bewegen, ob mit Ball oder ohne (die Wahrscheinlichkeit, dass sich ein kleiner Fußballer keinen Ball schnappt, ist allerdings gering). Sie dürfen laufen, werfen, schießen, passen usw. Sie können in Gruppen spielen oder sich allein beschäftigen. Hierbei bauen sie überschüssige Energie ab und die Konzentrationsfähigkeit für das weitere Training nimmt zu. Kinder in diesem Alter brauchen noch kein Aufwärmprogramm wie Senioren, sie sind sofort voll da und verletzen sich bei Belastungen fast nie (die Autoren können sich erinnern, dass sie oft direkt aus der Kabine, noch in der B-Jugend und sogar A-Senioren, einen Sprint hinlegten und auf das Tor schossen ohne jegliches Aufwärmprogramm; in diesem Alter ist das aber auf keinen Fall empfehlenswert, da ein hohes Verletzungsrisiko ohne Aufwärmen gegeben ist).

In den weiteren Trainingseinheiten bezeichnen wir diesen Abschnitt immer als „Austobphase", die etwa 5 – 10 Minuten beträgt (in der Regel aber 5 – 6 Minuten). Während dieser Zeit laufen die Kinder nach und nach auf den Trainingsplatz und beginnen hier nicht gemeinsam (jedes Kind braucht unterschiedlich lang zum Umziehen und erscheint zu etwas unterschiedlicher Zeit am Sportplatz).

Begrüßungsphase

Die Kinder werden gerufen und es wird sich kurz versammelt. Dieser Abschnitt dauert 2 bis maximal 5 Minuten in

1. Trainingseinheit (Training technischer Grundlagen)

Ausnahmefällen, wie Erklärung eines neuen Stationentrainings.

Die Kleinen werden begrüßt und die nächste(n) Übung(en) erklärt.

Denkt daran, die jungen motivierten Fußballer wollen trainieren und spielen und nicht zuhören oder quatschen, davon hatten sie genug in der Schule.

Techniktraining

Im Hauptteil steht heute ein Training von Grundtechniken und fußballspezifischer Ausdauer in Form von einem Stationentraining. Es werden insgesamt vier Stationen gebildet.

1. Die Kinder passen sich den Ball abwechselnd mit der linken und rechten Innenseite zu. Der Ball wird zuerst gestoppt und dann direkt gespielt, wobei er durch zwei Hütchen gepasst werden soll. Die Entfernung ist abhängig vom Trainingszustand. An dieser Station trainieren ein bis zwei Paare.

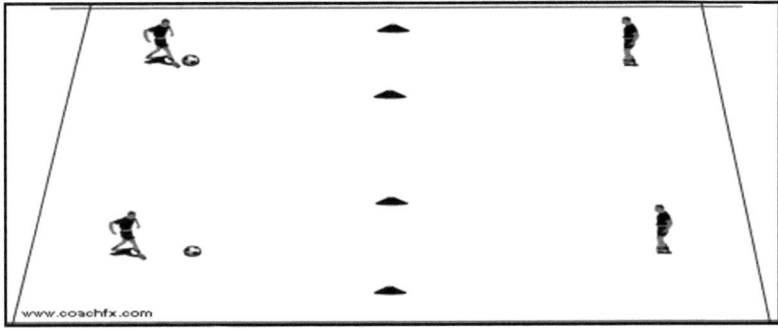

1. Trainingseinheit (Training technischer Grundlagen)

2. Die Kleinen werfen sich den Ball von unten aus kurzer Entfernung zu. Der Ball soll nun direkt mit der Innenseite oder dem Spann (linker und rechter Fuß) zurückgespielt werden. Der Werfer stoppt den Ball mit dem Fuß, Oberschenkel, Brust usw. und wirft den Ball wieder zu. Die Positionen werden nach kurzer Zeit immer wieder getauscht. Auch hier spielen ein bis zwei Paare.

3. An dieser Station trainieren vier Spieler. Sie schießen abwechselnd Strafstöße aus 8 Meter Entfernung mit dem linken und rechten Fuß. Wer verschossen hat, muss ins Tor. Die Kinder achten darauf, dass jeder den linken und rechten Fuß beim Schuss abwechselt.

4. An dieser Station spielen „4 gegen 4" auf einem kleinen Feld auf die normalen kleinen Tore, wobei der „letzte Mann" immer als Torwart agieren kann.

33

1. Trainingseinheit (Training technischer Grundlagen)

Der Trainer oder die Trainerin muss nun nach angemessener Zeit die Stationen für die Kinder tauschen. Beim Fußballspiel und beim Strafstoßschießen verbleiben die Kleinen länger (beim Fußballspiel wird immer nur eine Mannschaft getauscht), bei den anderen beiden Stationen maximal 5 Minuten, ansonsten wird das Techniktraining zu langweilig.

Abschlussspiel auf vier Tore und mit zwei Bällen

Diesmal spielen alle Kinder, verteilt auf zwei Mannschaften, mit. Zwei Bälle werden eingesetzt, damit mehr Ballkontakte garantiert sind und auch der Spaßfaktor erhöht ist.

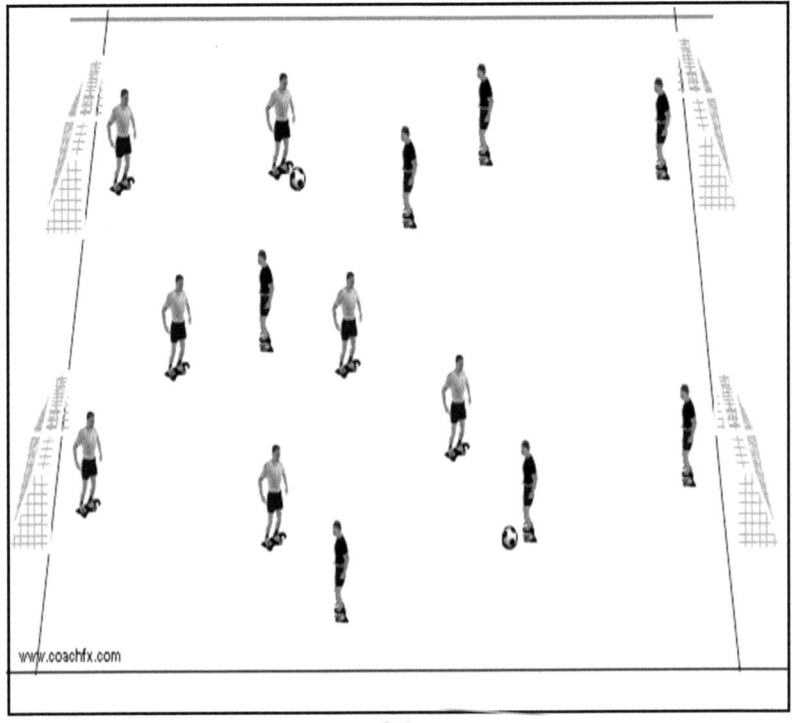

www.coachfx.com

2. Trainingseinheit (Schwerpunkt Schusstraining)

Austobphase (Erläuterung: siehe 1. Trainingseinheit)

Begrüßungsphase (Erläuterung: siehe 1. Trainingseinheit)

Schusstraining unter Bedrängnis

Die Spieler stehen etwa 30 Meter vor dem Tor (mit Torwart) in zwei Gruppen hintereinander und 2 – 3 Meter auseinander. Dazwischen steht der Trainer oder die Trainerin mit vielen Bällen und schießt einen Ball möglichst gerade Richtung Tor mit entsprechender Stärke (die Kinder sollen den Ball ja spätestens 10 Meter vor dem Tor bekommen). Die beiden ersten Fußballer jeder Gruppe kämpfen nun um den Ball und sollen schnell den Torabschluss suchen. Danach bringen sie den Ball zum Trainer zurück und stellen sich hinten wieder an. Die Übungsdauer wird auf 5 – 6 Minuten (gilt auch für die folgenden Übungen) begrenzt und muss in schneller Abfolge durchgeführt werden. Bei sehr vielen Kindern wird ein zweites Tor mit Torwart eingesetzt (Betreuer oder Elternteil springt hier mit ein).

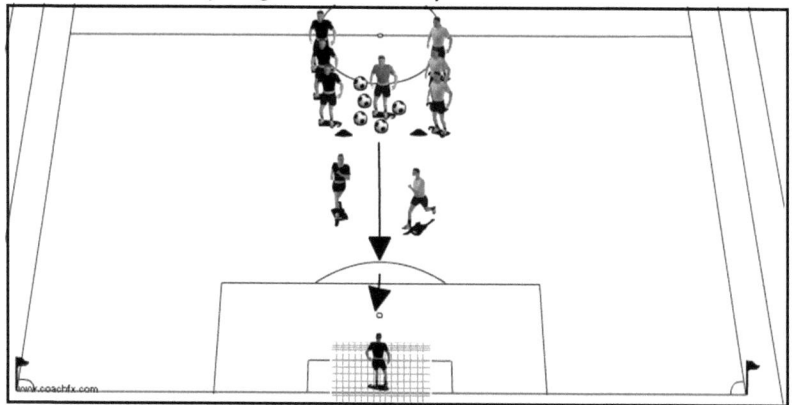

2. Trainingseinheit (Schwerpunkt Schusstraining)

Dribbeln zum Tor

Zwei Hütchen werden versetzt etwa 30 Meter vor dem Tor aufgestellt und wieder zwei Gruppen gebildet. Auf ein Trainerkommando starten die ersten Spieler jeder Gruppe. Der weiße Spieler mit Ball sucht den Torabschluss, der Schwarze versucht ihn daran zu hindern oder sogar selbst abzuschließen.

Sprint Richtung Ball mit Torabschluss

Die beiden ersten Spieler starten auf ein Trainerkommando, umlaufen die Fahnen und kämpfen um den Pass des Trainers mit entsprechendem Torabschluss.

36

2. Trainingseinheit (Schwerpunkt Schusstraining)

Training des Innenspannstoßes mit dem linken und rechten Fuß

Bei dieser Übung laufen die Kinder parallel zur Toraußenlinie seitlich zum Tor an. Die Entfernung muss dem Alter und dem Leistungsstand entsprechend angepasst sein (Entfernung zum Tor etwa 10 – 15 Meter). Eine Gruppe läuft von links an und schließt dementsprechend mit dem rechten Fuß ab, die andere Gruppe von rechts und schließt mit dem linken Fuß ab. Die beiden Gruppen wechseln sich ab und tauschen nach einiger Zeit auch komplett die Seiten (beim Abschluss mit links kann die Torentfernung auch weniger als 10 Meter betragen wegen der mangelnden Schusskraft für die meisten im linken Fuß). Es darf nur mit dem Innenspann abgeschlossen werden. Der Trainer oder die Trainerin markiert mit kleinen Pylonen die Torschusshöhe (sehr zentral vor dem Tor).

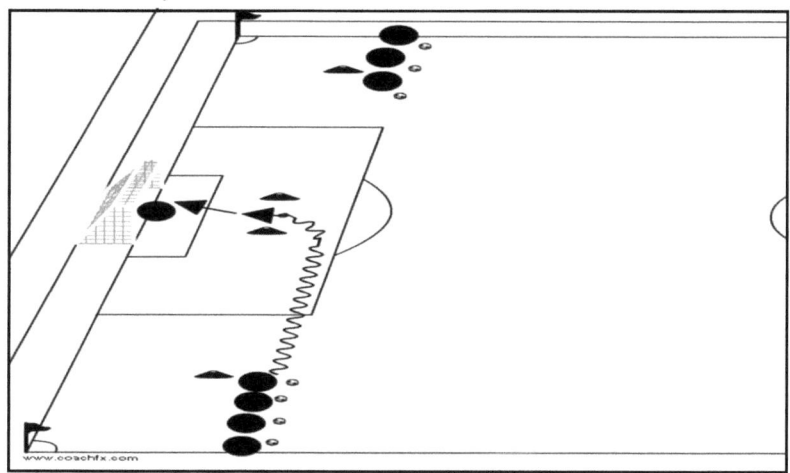

Abschlussspiel oder Turnier

37

3. Trainingseinheit (fußballspezifische Kondition/ Athletik)

Vorbemerkung

Die folgende Trainingseinheit ist ausschließlich ab der E-Jugend geeignet (frühestens ab acht Jahren). Ab dieser Altersgruppe soll und kann eine Laufkoordinationsschulung und ein kindgerechtes Schnelligkeitstraining, zeitlich begrenzt, eingebaut werden. Im Alter von 8 – 11 Jahren wächst die Schnelligkeit von Bewegungen durch gezieltes Training deutlich an, besonders in Bezug auf Bewegungsfrequenz und Reaktionsschnelligkeit (allein schon durch regelmäßige sportliche Betätigung wie Turnen, Schwimmen, Handball, Fußball ist dieses schon gegeben).

In der genannten Altersgruppe ist die Schulung der Laufkoordination, ebenfalls von höchster Bedeutung. Mit diesen beiden Aspekten werden die „Sprinttechnik" und die sich damit entwickelnde Sprintschnelligkeit, für den Heranwachsenden festgelegt (die genetischen Grundlagen natürlich eingeschlossen). Wir sehen hier allein schon die Verantwortung des Trainers oder der Trainerin gegenüber den kleinen Fußballern.

Es sollte also darauf geachtet werden, dass die Kinder eine richtige Lauftechnik vermittelt bekommen.

Wichtigste Sprintkriterien:

- In der Beschleunigungsphase ist der Oberkörper nach vorn geneigt und der Blick schräg nach unten gerichtet.
- Beim Erreichen der Höchstgeschwindigkeit ist der Körper voll aufgerichtet und gestreckt (einschließlich

des Kopfes) und der Blick verläuft gerade nach vorn (ist die Hüfte während des Laufens nicht gestreckt „sitzende Laufhaltung", wird dieses mittels Hopserlauftraining (hier erfährt man bewusst eine Gesamtkörperstreckung) und Erklärungen vermittelt. Wird diese „sitzende Haltung" nicht rechtzeitig korrigiert, wird der entsprechende Fußballer niemals seine eigentliche Grundschnelligkeit erreichen. Eventuell ist auch, in schwierigen Einzelfällen, eine Hinzunahme eines Leichtathletiktrainers ratsam.

- Beim Sprint wird zuerst immer nur der Fußballen aufgesetzt, dadurch ist ein schnellerer Fußabstoß vom Boden und eine wesentlich höhere Laufgeschwindigkeit mit geringerem Energieverbrauch (nur beim Sprint) garantiert.

Welche konditionellen Trainingsübungen werden von Bambini bis E-Jugend gemieden?

- lange Sprints
- Stretchingübungen
- Waldläufe
- Rundenlaufen
- Krafttraining
- schwierige Sprungübungen
- häufige kurze Sprints ohne Pause aneinandergereiht (z.B. Hütchensprints, erst zum ersten Hütchen sprinten, dann Abbremsen, zum zweiten Hütchen sprinten, Abbremsen usw.)

3. Trainingseinheit (fußballspezifische Kondition/ Athletik)

Die Liste erhebt keinen Anspruch auf Vollständigkeit.

Abschließend sei erwähnt, dass ein Schnellkrafttraining und Krafttraining, nur mit dem eigenen Körper, erst ab 12 Jahren sinnvoll zur Ausbildung der Sprintschnelligkeit und Athletik ist.

Austobphase

Begrüßungsphase

Übung zur Verbesserung der Sprintbeschleunigung und der Reaktionsschnelligkeit (auch für F-Jugend geeignet)

1. Es werden zwei Mannschaften gebildet, die nebeneinander etwa mit einem Abstand von 5 Meter stehen. Die ersten Läufer der jeweiligen Mannschaft stehen jeweils 20 Meter mit festen Markierungen auseinander, die gegnerische Mannschaft parallel dazu.
Auf Kommando des Trainers oder der Trainerin laufen die Startläufer der beiden Mannschaften los. Die Markierungen befinden sich etwa 2 Meter vor jedem Läufer (z.B. zwei kleine Pylonen parallel und ein Meter auseinander).
Sobald ein Läufer durch die beiden Pylonen läuft, ruft er „LOS" und der Nächste startet.

Die Mannschaft, die den letzten Läufer am schnellsten durch das letzte Pylonenpaar bekommt, ist natürlich Sieger.
Hierbei wird die Sprintbeschleunigung und die Reaktionsschnelligkeit auf ein akustisches Signal hin trainiert.

3. Trainingseinheit (fußballspezifische Kondition/ Athletik)

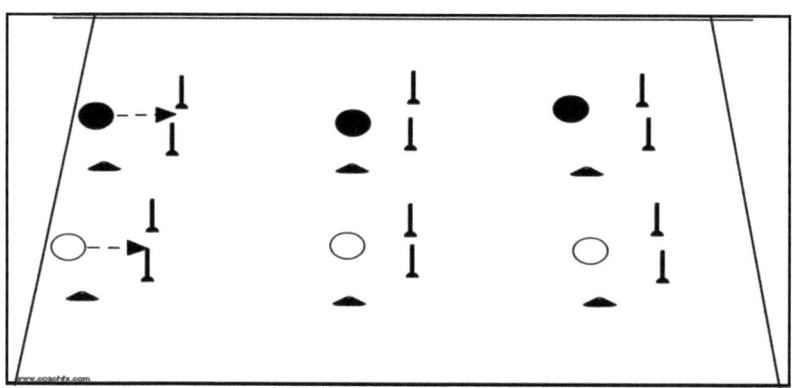

2. Jetzt liegen alle Läufer in gleicher Entfernung zueinander. Der Startläufer läuft wieder auf ein Kommando los. Erst, wenn er den folgenden Sprinter auf den Rücken klopft, darf dieser aufspringen und starten usw. (Training der Sprintbeschleunigung und der Reaktionsschnelligkeit auf ein taktiles Signal hin).

3. Gleiche Übung, aber jetzt dürfen die Läufer erst loslaufen, wenn der eigene Läufer an ihnen vorbeigelaufen ist. Alle Sprinter dürfen nur ganz nach vorn schauen (hierbei wird die Sprintbeschleunigung und die Reaktionsschnelligkeit auf ein visuelles Signal hin trainiert).

4. Ein letztes Mal wird der Wettkampf durchgeführt, aber jetzt in einer echten Staffelform (keinen harten Gegenstand verwenden, wir reduzieren jedes Risiko eines Unfalls). Der Startläufer läuft wieder los und muss in einem Raum von etwa 5 Meter Länge z.B. ein Band an den Nächsten übergeben usw. Der übernehmende Läufer soll schon starten

3. Trainingseinheit (fußballspezifische Kondition/ Athletik)

bevor er das Band bekommt, damit er schneller mit diesem weiterlaufen kann (wie eine echte Leichtathletikstaffel). Alles muss aber in dem abgesteckten Raum ablaufen (Training der Sprintbeschleunigung und der Grundschnelligkeit).

Merke: Ab der E-Jugend macht es einen Sinn, einmal pro Woche eine Übung für die Sprintbeschleunigung und eine Übung für die Grundschnelligkeit einzubauen. Die Sprintausdauer wird in diesem Alter nicht speziell trainiert.

Stationentraining für fußballspezifische Kondition, Grundschnelligkeit, Geschicklichkeit und Laufkoordination

Die Hauptgruppe spielt z.B. „4 gegen 4" auf einem kleinen Feld mit zwei Toren (die Anzahl der Spieler ist von deren Gesamtanzahl und von der Anzahl der Trainer, Co-Trainer und Betreuer abhängig; warum das so ist, ergibt sich aus den weiteren Ausführungen).

1. Station für Athletik, Kopfball und Torschuss

An dieser Station üben vier Kinder (bzw. die Anzahl wird den Mannschaften aus der Hauptgruppe angepasst).

3. Trainingseinheit (fußballspezi- fische Kondition/ Athletik)

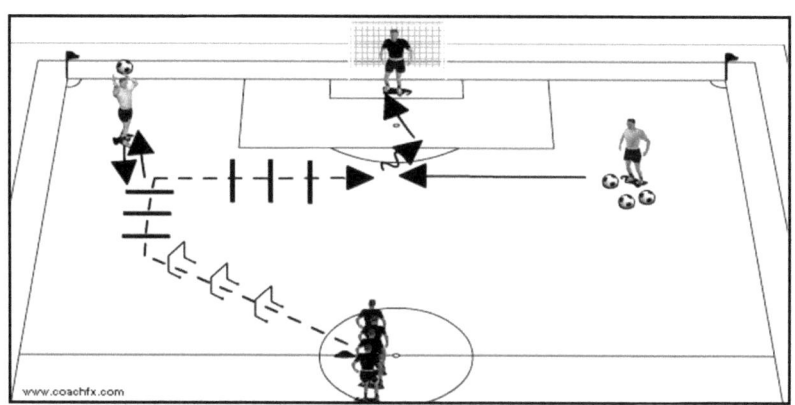

Es wird mit Hürden, Stangen ein beliebiger Parcour aufgebaut, der den Leistungsstand der Kinder berücksichtigt. Ein Tor wird aufgebaut und mit einem Torhüter besetzt. Die Bälle sind bei dem Zuspieler und dem Werfer.

Der erste Fußballer ohne Ball springt über die Hürden, gefolgt von Skipping über die Stangen, ein Kopfball nach Zuwurf von unten mit einem nicht hart aufgepumpten Ball, ein Sprint Richtung Zuspieler, der den Spieler anspielt und mit einem Torschuss abschließt. Die Kinder sollen danach den Ball zum Zuspieler zurückbringen und zum Startpunkt zurückgehen. Die Betonung liegt auf „gehen", damit eine Erholungsphase gegeben ist. Die Übung wird dreimal je Spieler wiederholt. Danach wird eine Mannschaft aus dem Spiel genommen und durch diese Stationsteilnehmer ersetzt.

2. Station für Sprintkoordination (nur E-Jugend)

Hier trainieren wiederum z.B. vier Kinder. Sie führen ein kleines Sprinter ABC über 10 – 15 Meter durch.

3. Trainingseinheit (fußballspezi-
fische Kondition/ Athletik)

Sie absolvieren die Übungen gleichzeitig 2 – 3 Mal, nach jedem Durchgang gehen sie langsam zum Startpunkt zurück. Start und Ende der Übungen sind z.B. durch Pylonen markiert.

Reihenfolge der Übungen:
  a) Skipping
  b) Kniehebelauf
  c) Anfersen
  d) Hopserlauf

Die Übungen werden mit hoher Intensität durchgeführt. Beim Hopserlauf wird auf die Körperstreckung geachtet und dieser auf zwei Durchgänge begrenzt. Eine Ausdehnung des Sprinter ABC`s macht in diesem Alter keinen Sinn und führt nur zu unnötiger Langeweile.
Eine ausführliche Abhandlung des Sprinter ABC`s für Jugendliche wird in unserem Buch „Taktiktraining im Jugendfußball" beschrieben.
Danach wird wieder eine Mannschaft aus dem Spiel genommen und durch diese Stationsteilnehmer ersetzt.
Damit wird fortgefahren, bis alle Spieler die Stationen durchlaufen haben. Die Anzahl der besetzten Stationen ist abhängig von der Anzahl der Trainer und Betreuer. Ist nur der ein Trainer oder eine Trainerin anwesend, kann diese Trainingseinheit so nicht gestaltet werden.

# 3. Trainingseinheit (fußballspezi-
fische Kondition/ Athletik)

Abschlussspiel auf vier Tore und mit zwei Bällen

Diesmal spielen alle Kinder, verteilt auf zwei Mannschaften, mit. Zwei Bälle werden eingesetzt, damit mehr Ballkontakte garantiert sind und auch der Spaßfaktor höher ist.

4. Trainingseinheit (Grundschnelligkeit, Konterqualität, Ausdauer)

Austobphase

Begrüßungsphase

Trainingsübung zur Förderung der Grundschnelligkeit und Konterqualität

Diese folgende spezifische Übung ist erst ab der E-Jugend geeignet und sollte in dieser Altersgruppe nur mit 2 bis drei Durchgängen durchgeführt werden. Die Übung bringt in Bezug auf Grundschnelligkeit nur einen Trainingseffekt bei vollkommen erholtem physischen Zustand. Bei Ermüdung, Erschöpfung oder Übersäuerung des Körpers ist diese spezielle Übung für ein Schnelligkeitstraining sinnlos. Weiterhin muss hier eine Pausenlänge von mindestens 2 Minuten eingehalten werden.

Alleine schon wegen dieser Pausenlänge werden in der E-Jugend nur 2 bis 3 Durchgänge absolviert, um unnötige Langeweile zu vermeiden.

Weiterhin fördert die Übung die Fähigkeit, den Ball im vollen Lauf mitzunehmen, und mit einem schnellen Torschuss abzuschließen (Konterfähigkeit). Zur Schulung nur dieser Fähigkeit, kann diese Übung auch unter einer leichten Trainingsermüdung erfolgen.

Übungsablauf: Die Kinder stehen etwa 45 – 50 Meter zentral vor dem Tor mit Torwart hintereinander in einer Reihe. Der Erste läuft an und beschleunigt submaximal (keine volle

46

Beschleunigung), so dass er erst nach 20 Metern die höchste Laufgeschwindigkeit erreicht (bei voller Beschleunigung erreicht diese Altersgruppe die Höchstgeschwindigkeit schon nach 10 Metern). Die 20 Meter sind mit einem Pylonenpaar (Parallel mit zwei Meter Abstand) markiert. Hier erreicht der Läufer seine Höchstgeschwindigkeit und hält diese über 10 Meter, dann durchläuft er ein zweites Hütchenpaar (gleich aufgestellt, etwa 10 Meter vom ersten Hütchenpaar entfernt), reduziert die Geschwindigkeit etwas und bekommt vom Trainer den Ball in den Lauf gespielt. Der kleine Fußballer soll nun den Ball mit dieser hohen Laufgeschwindigkeit verarbeiten, annehmen, kontrolliert vorlegen und mit einem wuchtigen Torschuss aus 10 – 15 Meter abschließen (je nach Schussstärke).

Nach diesem Torschuss startet der nächste Läufer, der Schütze befördert den geschossenen Ball wieder zum Trainer und stellt sich hinten in der Schlange wieder an.

Ist der Startläufer wieder an der Reihe, unterbricht der Trainer kurz und erklärt, welche Fehler gemacht wurden oder was noch besser gemacht werden kann (hier wird dann auch eine minimale Pausenlänge von zwei Minuten garantiert).

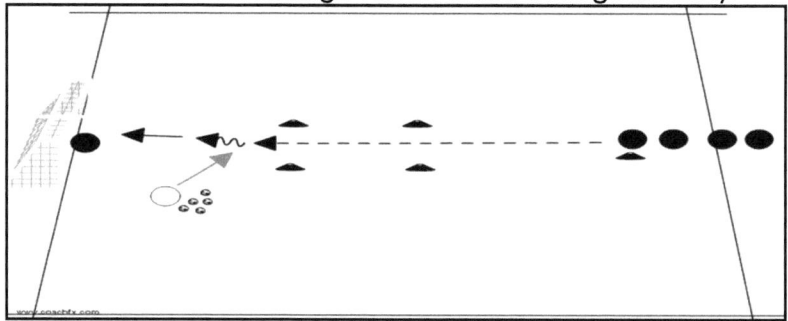

# 4. Trainingseinheit (Grundschnelligkeit, Konterqualität, Ausdauer)

Abschlussspiel/Abschlussturnier

Nach dieser anspruchsvollen Übung werden die Kinder mit einem langen Abschlussspiel oder einem Turnier von 3 – 4 Mannschaften belohnt. Bei vier Mannschaften sollte auf zwei Plätzen gleichzeitig gespielt werden (Doppelbetreuung erforderlich).

5. Trainingseinheit (Training der Schusstechniken/ hier Vollspann)

An dieser Stelle möchten wir noch einmal besonders die Wichtigkeit des Schusstrainings und die Ausbildung der Schusstechniken betonen. Die meisten Jugendlichen beherrschen in der Regel mehr oder weniger nur den Innenseit- und Innenspannstoß, weil beim Training auf die Ausbildung der anderen Techniken nicht geachtet wird. Zwar wird ein regelmäßiges Schusstraining absolviert, vielleicht noch mit dem linken und rechten Fuß, aber die Vorgabe einer Schusstechnik ist oft nicht gegeben. Dabei kann der Vollspannstoß fast überall angewendet werden, z.B. beim Abstoß, Abschlag, bei sehr vielen Kurz- oder Langpässen, Hebern, Flanken und Torschüssen. Allerdings ist die Technik sehr schwierig. Der Außenspannstoß ist auch eine anspruchsvolle Schusstechnik und wird nur von wenigen Spielern wirklich beherrscht. Er gewährleistet ein fast ansatzloses seitliches Zuspiel, auch aus höchster Laufgeschwindigkeit. Bei genügender Schusskraft und Zielgenauigkeit findet der Außenspannstoß auch Anwendung bei Ecken, Freistößen, Torschüssen. Weiterhin kann ein perfekter Außenspannstoß eine mangelnde Schusstechnik des schwächeren Beins fast komplett kompensieren. Jugendliche erreichen später oft die höheren Spielklassen nicht, weil sie zu wenig Schusstechniken beherrschen, und was in der Jugend versäumt wurde, kann der Erwachsene nicht mehr aufholen. Der Trainer hat nun die Aufgabe die Schusstechniken genauestens zu erklären und die Spieler die Aufgabe, die schwierigen Schusstechniken umzusetzen.
Der Trainer gibt also eindeutige Vorgaben, wie z.B. :
    - gerader oder schräger Anlauf und Abschluss mit dem

5. Trainingseinheit (Training der Schusstechniken/ hier Vollspann)

linken oder rechten Vollspann
- Anlauf von rechts in den Strafraum, vor dem Elfmeterpunkt wird mit dem rechten Außenspannstoß abgezogen
- das gleiche von links mit dem linken Außenspannstoß

Austobphase

Begrüßungsphase

Vorbereitende Übungen für den Vollspannstoß

- Die Kinder halten den Ball mit beiden Händen vor dem Körper. Sie sollen dann den Ball etwas hochwerfen und den Ball etwa in Kniehöhe mit dem Vollspann mit mittlerer Stärke treffen. Der Ball soll dabei möglichst gerade nach vorn fliegen (diese Übungen werden am besten vor einem großen Tor durchgeführt, damit die Laufwege zum Ball nicht zu lang werden). Es werden beide Füße abwechselnd trainiert.
- Diesmal soll der Ball mit dem Vollspann getroffen, senkrecht nach oben geschossen werden.
- Gleich Übung, aber jetzt stehen die Spieler 2 – 3 Meter vor dem Tor und sollen den Ball hoch ins Netz schießen.
- Gleiche Übung wird jetzt mit höchster Intensität trainiert.
- Gleiche Übung, aber jetzt soll der Ball in Dropkickform getroffen werden.
- Jetzt wird ein Strafstoßschießen mit Vollspann geübt,

5. Trainingseinheit (Training der Schusstechniken/ hier Vollspann)

abwechselnd mit links und rechts und auf zwei Tore, damit eine Übungshäufigkeit garantiert ist. Auch wenn die Übungen mit dem schwachen Fuß wirklich sehr „erbärmlich" aussehen, trainieren wir in F- und E-Jugend beidfüßig.

„Was Hänschen nicht lernt, lernt Hans nimmer mehr", lautet hier die Devise.

Diese Grundübungen oder andere, werden beim Training wiederholt eingesetzt, bis eine Grundtechnik vorhanden ist und dynamische Übungen sinnvoll eingesetzt werden können (für die nächsten Übungen Voraussetzung).

Dynamische Trainingsübung (hier mit Vollspann)

Der erste Spieler mit Ball passt den Mittelfeldspieler an und läuft seinem Anspiel hinterher. Der Mittelfeldspieler spielt direkt zu dem Spieler an der Strafraumgrenze. Dieser lässt wieder abprallen, worauf der Mittelfeldspieler mit einem Torschuss abschließt. Die Entfernungen sollten der jeweiligen Schusskraft der Mannschaft angepasst sein!

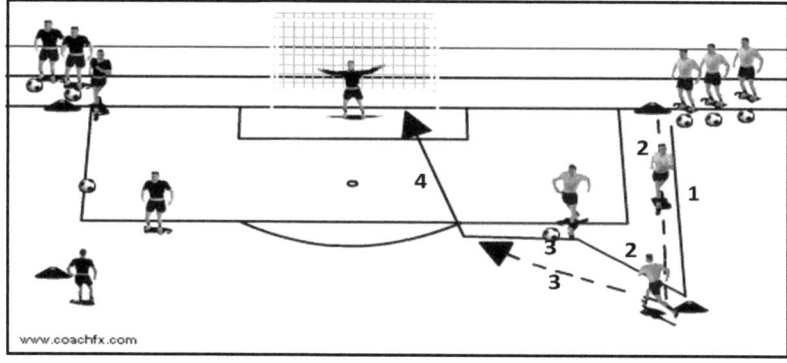

www.coachfx.com

5. Trainingseinheit (Training der Schusstechniken/ hier Vollspann)

Vollspannübung: Wir schießen den Trainer mit dem Vollspann ab

Der Trainer steht mit vielen Bällen im Tor. Die Kinder stehen 20 Meter zentral vor dem Tor in einer Reihe. Der Trainer schießt den Ball leicht Richtung erstem Schützen, so dass er den Ball etwa 10 – 15 Meter vor dem Tor erwischt. Der Fußballer läuft dem Ball entgegen und soll ihn mit voller Wucht und Vollspann auf den Trainer abfeuern. Dieser versucht, auszuweichen und passt mit höchstmöglicher Geschwindigkeit auf den nächsten Schützen usw.

Danach wird die Übung leicht verändert, jetzt sollen die Kinder den Ball genau „in den Winkel" rechts oder links oben platzieren.

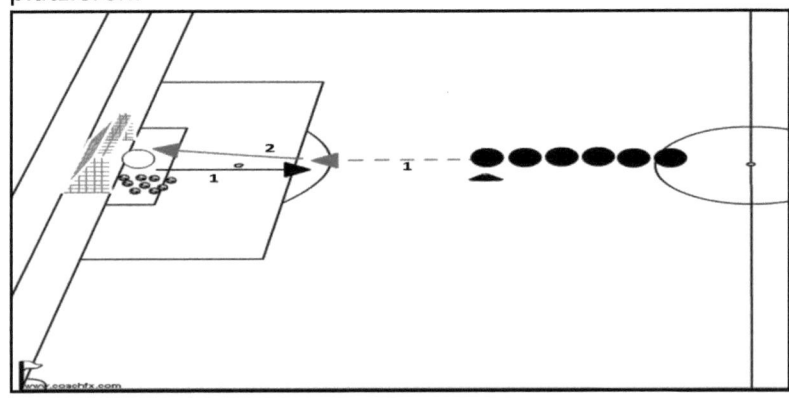

Abschlussspiel

Zum Schluss erfolgt natürlich wieder ein Fußballspiel in beliebiger Form.

6. Trainingseinheit (Kurzpassspiel mit linker und rechter Inneneite)

Austobphase

Begrüßungsphase

Kreispassen oder Rechteckpassen

Die kleinen Fußballer werden in Gruppen mit jeweils fünf Kindern aufgeteilt. Vier Kinder bilden ein Rechteck oder Kreis um das fünfte Kind mit Ball. Der Abstand des zentralen Kindes zu den anderen beträgt etwa fünf Meter.

Auf Kommando spielt das Kind im Zentrum den Ball zum ersten Kind im Kreis, erhält den Ball zurück, spielt ihn weiter zum nächsten und bekommt ihn wieder zurück usw. Der Ball soll direkt gespielt werden, wenn der Leistungsstand dies erlaubt.

Nach kurzer Zeit wird gewechselt.

° Gleiche Übung, aber jetzt darf der Ball nur noch mit links gespielt werden.

° Gleiche Übung, aber jetzt ist eine Reihenfolge nicht mehr vorgegeben.

„5 gegen 2"

Jetzt spielen die Kinder „5 gegen 2" oder eine andere Form mit mehreren Ballkontakten, zwei Ballkontakten oder zum Schluss auch direkt. Die Spielform ist hier sehr stark abhängig vom Leistungsstand.

6. Trainingseinheit (Kurzpassspiel mit linker und rechter Inneneite)

Erkämpfen die beiden Spieler in der Mitte den Ball, darf der Spieler den Kreis verlassen, der sich dort länger aufgehalten hat.

Partnerübung für den Innenseitstoß

Die Kinder passen sich den Ball abwechselnd mit der linken und rechten Innenseite zu. Der Ball wird zuerst gestoppt und dann direkt gespielt, wobei er durch zwei Hütchen gepasst werden soll. Die Entfernung ist abhängig vom Trainingszustand. An dieser Station trainieren ein bis zwei Paare.

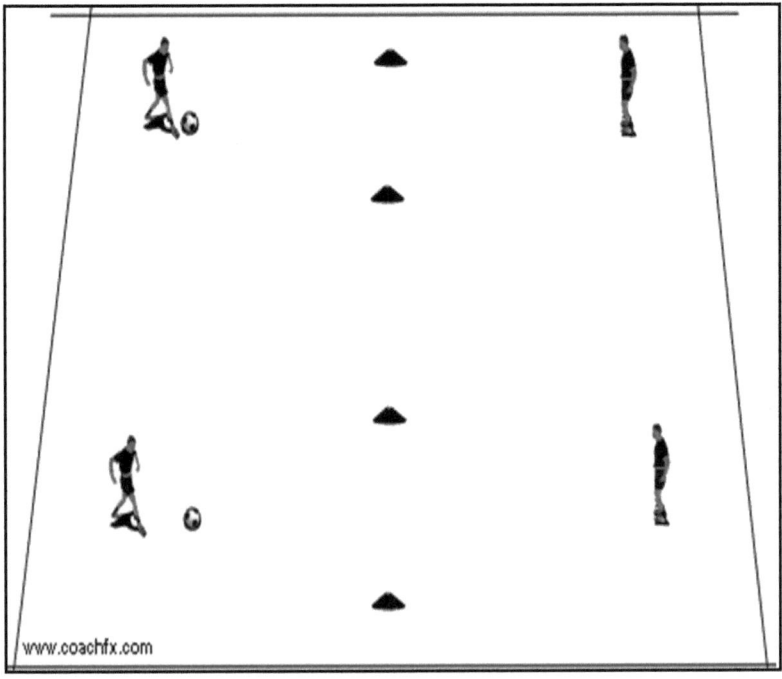

www.coachfx.com

6. Trainingseinheit (Kurzpassspiel mit linker und rechter Inneneite)

Doppelpass mit der Innenseite und abschließendem Torschuss

Übungsaufbau und Ablauf:

Ein Tor wird besetzt, der erste Spieler in der Reihe spielt nacheinander mit den festen Positionsspielern Doppelpass und schließt mit einem Torschuss aus 10 – 15 Metern ab.

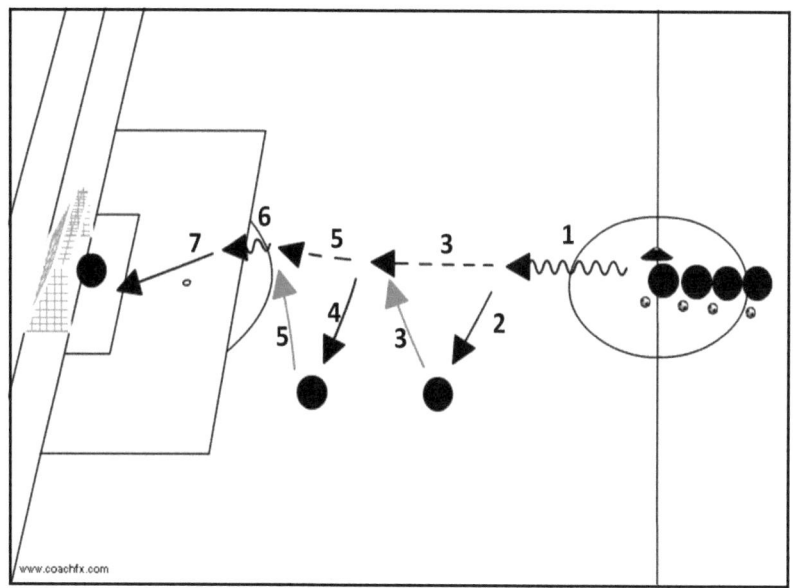

Abschlussspiel

Auch hier wird zum Schluss wieder ein Abschlussspiel in beliebiger Form praktiziert.

7. Trainingseinheit

Austobphase

Begrüßungsphase

An dieser Stelle möchten wir noch einmal betonen, dass im F- bis E-Jugendtraining der Spaßfaktor im Vordergrund stehen sollte und die Kinder spielend an das Training herangeführt werden müssen. Ein hartes Training ohne Abwechslung bleibt außen vor.
Deswegen sollten viele Trainingseinheiten mit kleinen Fang- und Wettkampfspielen und einem langen Abschlussspiel gestaltet werden.

Fangspiel mit dem Fußball

In einem Feld von 20 m x 20 m befindet sich ein Fänger mit einem Ball, den er immer mit beiden Händen festhalten muss. Im Feld befinden sich auch alle anderen Kinder. Außerhalb am Rand des Feldes liegen viele Bälle.
Auf das Startsignal des Trainers muss der Fänger versuchen, einen Gejagten mit dem Ball zu berühren und damit zu fangen.
Die Gefangenen werden auch zu Jägern, holen sich einen Ball und versuchen, damit auch noch nicht gefangene Kinder zu berühren. Der letzte gefangene Gejagte ist Sieger des Spiels und wird zum Startfänger des nächsten Durchgangs.

7. Trainingseinheit

Kettenfangen mit System

Bei diesem nächsten Wettkampfspiel benutzen wir das gleiche Feld. Der Fänger steht auf der einen Grundseite, diesmal ohne Ball. Alle anderen Kinder stehen an der Linie der gegenüberliegenden Seite. Auf ein Startsignal des Trainers laufen sich Fänger und Gejagte entgegen, wobei die Gejagten die andere Grundlinie erreichen müssen. Der Jäger braucht die anderen Kinder nur zu berühren, damit diese gefangen sind und auch zu Jägern werden. Diese müssen sich aber in Kettenform an die Hand nehmen, egal wie lang die Kette wird. Danach startet die Jagd erneut, nur mit vertauschten Grundlinien usw.

Das letzte nicht gefangene Kind wird in der nächsten Runde zum Startjäger.

7. Trainingseinheit

Variation: Gleiche Übung, diesmal dürfen nur Zweierketten bei den Jägern gebildet werden. Zu Beginn startet ein Jäger. Dann fangen 2 Jäger Hand in Hand. Bei 3 Jägern fängt einer allein usw.

Abschlussspiel

Auch hier wird zum Schluss wieder ein Abschlussspiel in beliebiger Form durchgeführt.

8. Trainingseinheit

Austobphase

Begrüßungsphase

Es folgt eine Wiederholung folgender Übung zum Festigen des Innenseitstoßes. Je Übung wird die Trainingsdauer auf 5 Minuten begrenzt.

Kreispassen oder Rechteckpassen

Die kleinen Fußballer werden in Gruppen mit jeweils fünf Kindern aufgeteilt. Vier Kinder bilden ein Rechteck oder einen Kreis um das fünfte Kind mit Ball herum. Der Abstand des zentralen Kindes zu den anderen beträgt etwa fünf Meter.
Auf Kommando spielt das Kind im Zentrum den Ball zum ersten Kind im Kreis, erhält den Ball zurück, spielt ihn weiter zum nächsten und bekommt ihn wieder zurück usw. Der Ball soll direkt gespielt werden, wenn der Leistungsstand dies erlaubt.
Nach kurzer Zeit wird gewechselt.
- Gleiche Übung, aber jetzt darf der Ball nur noch mit links gespielt werden.
- Gleiche Übung, aber jetzt ist eine Reihenfolge nicht mehr vorgegeben.

„5 gegen 2"

Jetzt spielen die Kinder „5 gegen 2" oder eine andere Form mit mehreren Ballkontakten, zwei Ballkontakten oder zum Schluss auch direkt. Die Spielform ist hier sehr stark abhängig

8. Trainingseinheit

vom Leistungsstand. Erkämpfen die beiden Spieler in der Mitte den Ball, darf der Spieler den Kreis verlassen, der sich dort länger aufgehalten hat.

Völkerball

Zur Abwechslung wird heute einmal Völkerball gespielt. Die Feldgröße bestimmt sich aus Wurfkraft und Anzahl der Kinder. Am Anfang hat jede Mannschaft drei Werfer außerhalb des Feldes, je einer an der gegnerischen Grundlinie. Die Kinder, die abgeworfen wurden, gesellen sich zu den eigenen Werfern und dürfen mit abwerfen. Sind alle Kinder einer Mannschaft getroffen, müssen die drei Startwerfer ins Feld. Diese haben aber drei Leben, d.h. sie müssen dreimal getroffen werden, bevor sie ausscheiden. Die Mannschaft, die zuerst komplett abgeworfen wird, ist der Verlierer.

Bei diesem Spiel setzen wir nur sehr weiche Bälle (z.B Schaumstoffbälle) ein und erhöhen die Dynamik des Spiels mit einem Einsatz von zwei Bällen gleichzeitig.

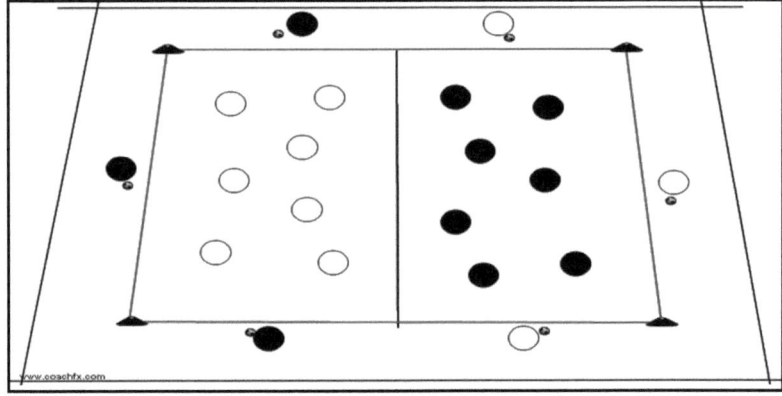

8. Trainingseinheit

Abschlussspiel auf vier Tore und mit zwei Bällen

Diesmal spielen alle Kinder, verteilt auf zwei Mannschaften, mit. Zwei Bälle werden eingesetzt, damit mehr Ballkontakte garantiert sind und auch der Spaßfaktor höher ist (wie in der ersten Trainingseinheit).

9. Trainingseinheit (Dribbeln)

Austobphase

Begrüßungsphase

Dribbelwettkampf

Es werden zwei Mannschaften gebildet. Auf ein Startkommando laufen die Startläufer mit Ball los, durchdribbeln die Stangen. Dann durchlaufen sie das Tor innen (weiße Fahnen), umrunden die ausgewählte Fahne, müssen außen um die Pylone und dürfen jetzt zurückdribbeln oder passen. Der Ball darf erst zum nächsten Spieler gepasst werden, wenn sich der ballführende Spieler auf Höhe der letzten Stange befindet. Bei einem ungenauen Pass kann hier also Zeit verloren gehen. Die Mannschaft, die ihren letzten Dribbler mit Ball über die Startlinie bekommt, ist natürlich Sieger.

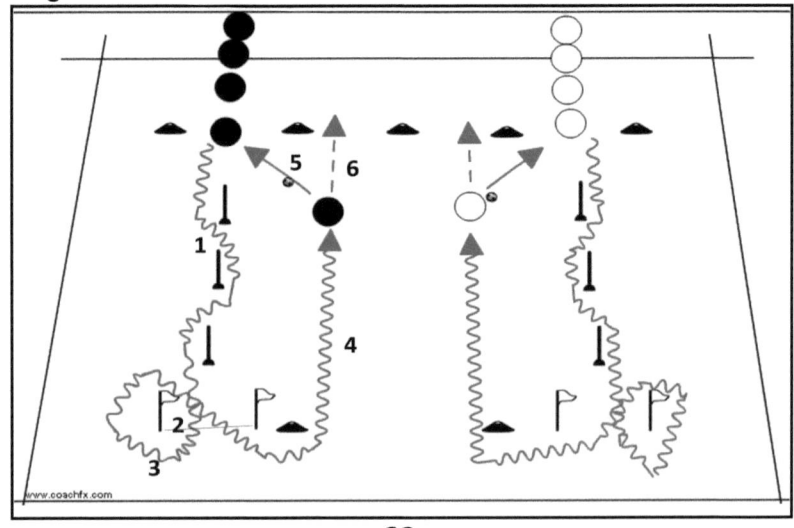

9. Trainingseinheit (Dribbeln)

Dribbel- und Geschicklichkeitsübung

Bei dieser Übung passt Spieler A zu Spieler B, dieser dribbelt mit dem Ball zu der Position von Spieler A und übergibt dem nächsten Spieler den Ball und stellt sich dort hinten an. Spieler A durchläuft die Fahnenstangen im Slalom mit höchster Geschwindigkeit und stellt sich auf der anderen Seite an usw.

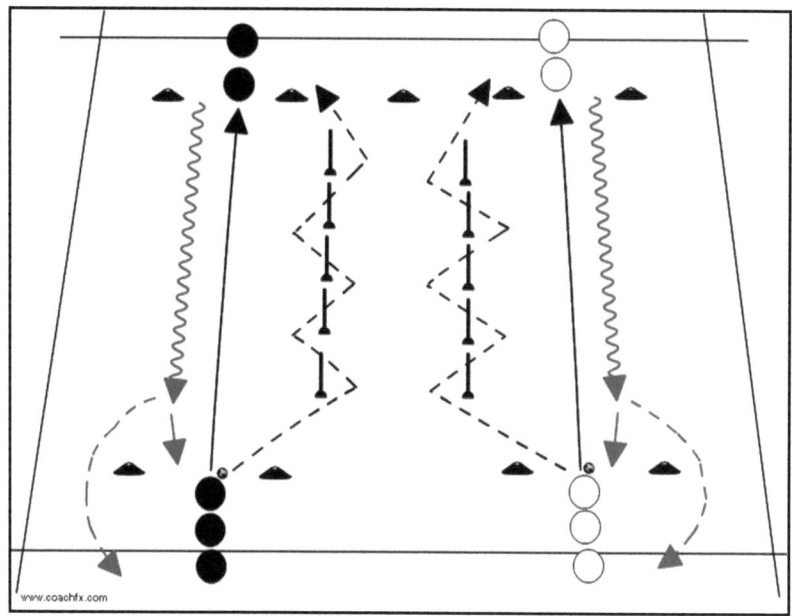

Torschuss- und Dribbelübung

Bei der nächsten Übung stehen die Spieler,jeweils mit ball hintereinander in einer Reihe zentral etwa 25 Meter vor dem Tor. Der erste Fußballer läuft mit Ball los, durchdribbelt die hintereinander aufgestellten vier Fahnenstangen und

9. Trainingseinheit (Dribbeln)

schließt mit einem Torschuss aus 10 – 15 Metern ab. Er nimmt sich wieder seinen Ball und stellt sich in der Reihe wieder hinten an. Bei dieser Übung wollen wir eine hohe Frequenz erreichen und der nächste Spieler läuft schon los, bevor der vorhergehende geschossen hat. Bei dieser Übung steht der Trainer oder die Trainerin im Tor und bestimmt die Frequenz und Schusstechnik. Wir wollen hier den Innenseitstoß und Innenspannstoß trainieren.

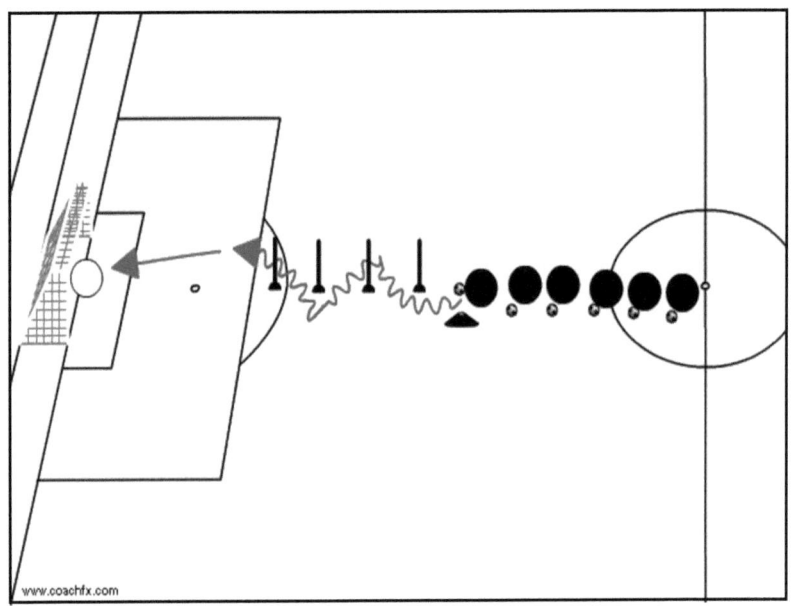

Abschlussspiel

Zum Schluss liefern sich zwei Mannschaften in beliebiger Form ein Abschlussspiel.

64

10. Trainingseinheit (Fintentraining)

Austobphase

Begrüßungsphase

Vorübung

Der Trainer oder die Trainerin erklärt ein bis zwei leichte Finten, die die Kinder dann mit Ball, und erst einmal nur mit imaginären Gegner üben sollen. Die Übungsdauer wird auf 5 Minuten begrenzt.

In dieser Einheit werden zwei leichte Finten erklärt. Im Anschluss daran werden weitere Finten erklärt, die dann in anderen Trainingseinheiten trainiert werden sollen. So ergibt sich durch Austausch eine Vielzahl weiterer kompletter Trainingstage.

Zur Verbesserung und Einprägung dieser Techniken, sollten Finten natürlich in mehreren Einheiten wiederholt werden. Zur Verbesserung und Einprägung dieser Techniken. Die Art der Finten wird dem Alter und der Leistungsfähigkeit der Kinder angepasst.

Finte 1: Die Spieler dribbeln mit Ball, täuschen einen Schuss kurz vor dem Gegenspieler an, dribbeln aber an ihm vorbei (hier ist die Hoffnung darauf gelegt, dass der Gegenspieler durch einen Schutzreflex oder Abwehrversuch des möglichen Torschusses kurz abgelenkt ist, und deswegen leicht umspielt werden kann).

Finte 2: Es wird wieder ein Schuss wie in Finte 1 angetäuscht, diesmal vollzieht der Spieler aber eine komplette

10. Trainingseinheit (Fintentraining)

Drehung mit Ball (360°) und zieht mit Ball an der anderen Seite vorbei. D.h., er täuscht einen Schuss mit rechts an, dreht sich mit Ball rechts um die eigene Achse und umspielt den Gegenspieler auf der linken Seite (dementsprechend mit dem linken Fuß umgekehrt).

Hauptübung

Die Hauptübung dauert etwa 10 Minuten. Ein Tor ist besetzt, etwa 15 Meter zentral vor dem Tor postiert sich der Trainer oder die Trainerin. 10 Meter weiter davor stehen die Spieler hintereinander in einer Reihe. Mit Betreuer oder Co-Trainer wird an zwei Stationen gleichzeitig trainiert, an jeder Station nur eine Finte mit Wechsel nach etwa 5 Minuten. Die Spieler laufen zügig nacheinander auf den Trainer an und üben ihre Finte aus, ziehen am Trainer vorbei und schießen aus etwa 10 Meter Entfernung auf das Tor. Der Trainer ist natürlich nur ganz leicht aktiv tätig.

Bei dieser Übung sollte der Torwart häufig gewechselt werden.

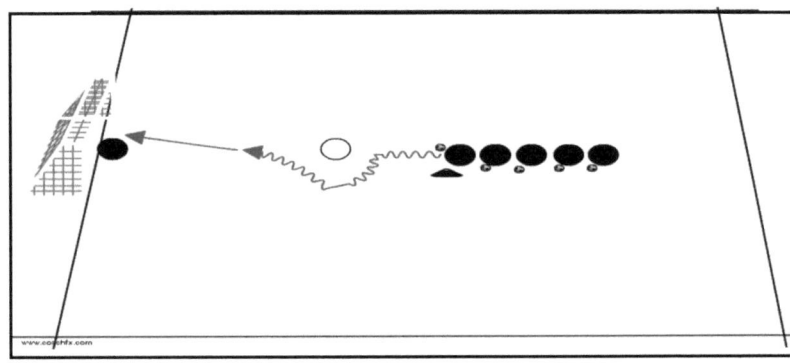

 10. Trainingseinheit (Fintentraining)

Finten, die in anderen Einheiten je nach Leistungsstand trainiert werden könnten:

Der Ausfallschritt

Die häufigste Finte ist die Körpertäuschung mittels Ausfallschritt. Diese ist leicht zu lernen und findet in allen Spielklassen Anwendung.

Der Spieler macht einen Ausfallschritt nach links und nimmt den Ball explosionsartig mit.

Variation: Der Spieler steigt mit dem rechten Bein von außen über den Ball und nimmt ihn ebenfalls mit dem rechten Außenrist mit (Übersteiger nach innen).

10. Trainingseinheit (Fintentraining)

Der Tempowechsel

Der Spieler dribbelt mit mäßigem bis hohem Tempo. Dann zieht er den Ball mit der Sohle zurück und nimmt ihn explosionsartig mit der Innenseite oder dem Spann wieder mit.

Die Beckenbauerdrehung

Hier wird der Ball mit dem Außenrist um den Gegner gespielt.

10. Trainingseinheit (Finten)

Der Übersteiger

Der Spieler steigt mit dem rechten Bein von innen nach außen über den Ball und nimmt diesen mit dem linken oder rechten Außenrist seitlich mit.

Puskas-Trick

Mit dem rechten Bein über den Ball steigen, dann den Ball mit der Sohle rückwärts ziehen. Anschließend erfolgt der Richtungswechsel mit dem Außenrist.

Zur Belohnung für die konzentrierte Mitarbeit wird ein Abschlussturnier in beliebiger Form durchgeführt.

11. Trainingseinheit (Spaßeinheit in Turnierform)

Austobphase

Begrüßungsphase

Turnier

In dieser Trainingseinheit steht der Spaßfaktor ganz im Vordergrund. Es werden drei Mannschaften gebildet mit je einem Auswechselspieler (bei Ausfall eines Spielers bleibt die Mannschaft auf dem Feld komplett, das Auswechseln eines Spielers erfolgt natürlich sehr häufig).
Jede Mannschaft tritt zweimal gegeneinander an. Die Spieldauer beträgt 2 x 5 Minuten. Die Spielfeldgröße richtet sich nach der Spieleranzahl. Im ersten Durchgang darf der Ball nur mit links gedribbelt und geschossen werden, im zweiten Durchgang erfolgen normale Spiele.

Der Spaßfaktor wird hierbei erhöht, wenn in richtigen (verschiedenen) Trikots angetreten wird, mit einer anschließenden Siegerehrung und kleinen Preisen (z.B. erhält jeder Spieler eine kleine Medaille oder Urkunde).

12. Trainingseinheit (Geschicklichkeit, Dribbling u. Übersicht)

Austobphase

Begrüßungsphase

Dribbeln und Übersicht

Die Spieler dribbeln alle gleichzeitig in einem relativ kleinen Feld, dass sie dabei nicht verlassen dürfen. Jeder Spieler hat einen Ball und soll versuchen mit keinem anderen Spieler „anzuecken", der Ball soll weder Gegner noch einen fremden Ball kontaktieren.

Übergeben/Übernehmen

Jetzt erfolgt die gleiche Übung, nur diesmal hat etwa ein Viertel der Kinder keinen Ball. Kommt einem Spieler mit Ball ein Spieler ohne Ball entgegen, muss der Spieler mit Ball diesen an den anderen übergeben usw.

12. Trainingseinheit (Geschicklichkeit, Dribbling u. Übersicht)

Dribbelwettkampf

Es werden zwei Mannschaften gebildet. Diese stehen etwa 5 -8 Meter auseinander, hintereinander in einer Reihe. Jede Mannschaft besitzt einen Ball, der sich beim Startläufer befindet. Vor jedem Startläufer sind etwa 5 Fahnenstangen hintereinander mit einem Abstand von etwa je 2 Meter.

Auf ein Startkommando laufen die beiden Startläufer los und halten dabei den Ball mit beiden Händen vor dem Körper fest. Sie müssen mit diesem Slalom durch die Stangen laufen, um die letzte Stange komplett herum und mit einem Sprint zurück laufen. Hinter der Startlinie wird der Ball übergeben und der nächste Läufer ist an der Reihe usw.

Die Mannschaft, die zuerst den letzten Spieler über die Startlinie bringt, ist natürlich Sieger.

Danach erfolgt der echte Dribbelwettkampf, der mindestens zweimal ausgetragen werden kann. Jetzt wird der Ball im Slalom durch die Fahnenstangen gedribbelt, auch wieder um die letzte Fahnenstange komplett herum, mit einem Tempodribbling zurück zur Startlinie und hinter dieser wird der Ball an den Nächsten übergeben usw.

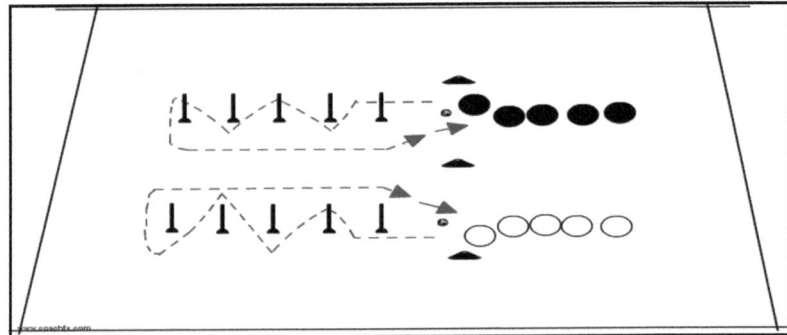

12. Trainingseinheit (Geschicklichkeit, Dribbling u. Übersicht)

Übung zur Förderung von Ausdauer, Dribbling und Übersicht

Diese Übung ist erst ab der E-Jugend (ausführliche Erklärung mit praktischem Laufverhalten für jeden einzelnen Spieler ist hier unabdingbar), für 8 Spieler pro Gruppe, geeignet. Dadurch, dass sich vier Laufwege kreuzen, wird die Übersicht der Spieler gefördert.

Übungsaufbau:

Es wird ein Quadrat mit Stangen abgesteckt. Die Seitenlänge beträgt etwa 15 Meter. Innerhalb des Quadrats wird ein weiteres Quadrat mit Pylonen aufgebaut.
Die Stangen werden mit jeweils zwei Spielern besetzt. Jeder Spieler besitzt einen Ball.

Übungsablauf:

Der erste Spieler jeder Gruppe startet mit Ball zum entferntesten Hütchen und wieder zurück und von dort aus zur nächsten Stange (hier dem Uhrzeigersinn entgegen für alle).
Der zweite Spieler startet, nachdem der erste angekommen ist.
Dies wird solange wiederholt, bis jeder Spieler an seiner Ausgangsposition angekommen ist.
Es startet also immer ein Spieler an der Fahnenstange Richtung entferntestem Hütchen, wenn ein weiterer an dessen Fahnenstange anläuft.

12. Trainingseinheit (Geschicklichkeit, Dribbling u. Übersicht)

Abschlussspiel

Hier wird wieder ein Abschlussspiel in beliebiger Form durchgeführt.

13. Trainingseinheit (Taktik/Schusstraining)

Austobphase

Begrüßungsphase

Völkerball

Zur Abwechslung wird heute noch einmal Völkerball gespielt. Die Feldgröße bestimmt sich aus Wurfkraft und Anzahl der Kinder. Am Anfang hat jede Mannschaft drei Werfer außerhalb des Feldes, je einer an der gegnerischen Grundlinie. Die Kinder, die abgeworfen wurden, gesellen sich zu den eigenen Werfern und dürfen mit abwerfen. Sind alle Kinder einer Mannschaft getroffen, müssen die drei Startwerfer ins Feld. Diese haben aber drei Leben, d.h. Sie müssen dreimal getroffen werden, bevor sie ausscheiden. Die Mannschaft, die zuerst komplett abgeworfen wird, ist der Verlierer.

Bei diesem Spiel setzen wir nur sehr weiche Bälle (z.B Schaumstoffbälle) ein, und erhöhen die Dynamik des Spiels mit einem Einsatz von zwei Bällen gleichzeitig.

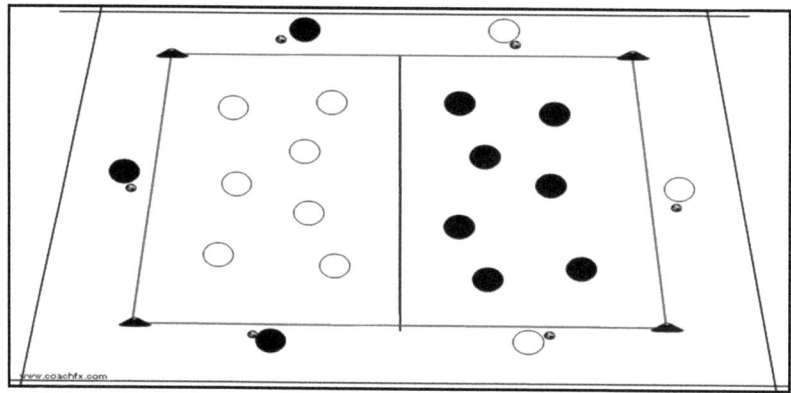

13. Trainingseinheit (Taktik/Schusstraining)

Übernehmen/Übergeben

Es werden jeweils zwei Hütchen mit einem Abstand von etwa 20 Metern aufgebaut. An jedem Hütchen stehen drei Kinder hintereinander, auf einer Seite hat jedes einen Ball.

Auf Kommando starten die ersten Kinder der Ballreihen mit einem Tempodribbling in Richtung des anderen Hütchens. Gleichzeitig starten die entsprechenden kleinen Fußballer von der anderen Seite entgegen. Ist ein Abstand von 2 – 3 Metern erreicht, erfolgt ein kurzer Pass zum Mitspieler. Dieser dribbelt nun weiter zum anderen Hütchen und stellt sich dort wieder an. Jetzt starten die nächsten Spieler usw.

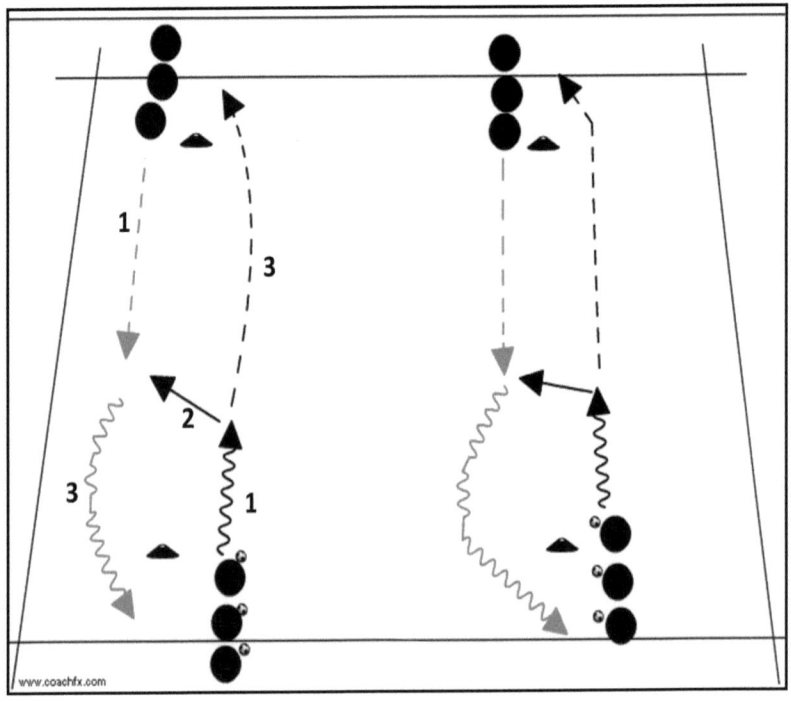

13. Trainingseinheit (leichte Taktik/Schusstraining)

Danach erfolgt die gleiche Übung, aber diesmal wird der Ball nur ganz kurz vor dem Mitspieler einfach „liegengelassen", der Partner versucht den Ball mit hoher Geschwindigkeit, kontrolliert und dribbelnd, mitzunehmen.

Als Nächstes wird der zuerst Ballführende rechts parallel von einem Gegenspieler (nur leicht aktiv und störend) begleitet. Der Ball wird wieder kurz vor dem Mitspieler „liegengelassen" (natürlich kommt der Partner von der anderen Seite, damit er nicht mit dem Gegenspieler kollidiert). Der Partner versucht wieder den Ball mit hoher Geschwindigkeit, kontrolliert und dribbelnd, mitzunehmen.

Zum Abschluss dieser Übungsreihe wechseln Gegenspieler und übernehmender Mitspieler die Laufseiten.

Übernehmen/Übergeben mit Torschuss

Die gleiche Übungsreihe erfolgt nun etwa 15 Meter vor dem Tor. Die Spieler laufen also parallel zur Torlinie aufeinander zu. Der ballübernehmende Spieler schließt dann mit einem Torschuss aus einer Torentfernung von etwa 12 Metern (Innenspannstoß) ab.
Der Trainer achtet darauf, dass jeder Spieler in den verschiedenen Rollen agiert (Ballübergeber/Ballübernehmer mit Torschuss/Verfolger in der letzten Übungsreihe).

13. Trainingseinheit (leichte Taktik/Schusstraining)

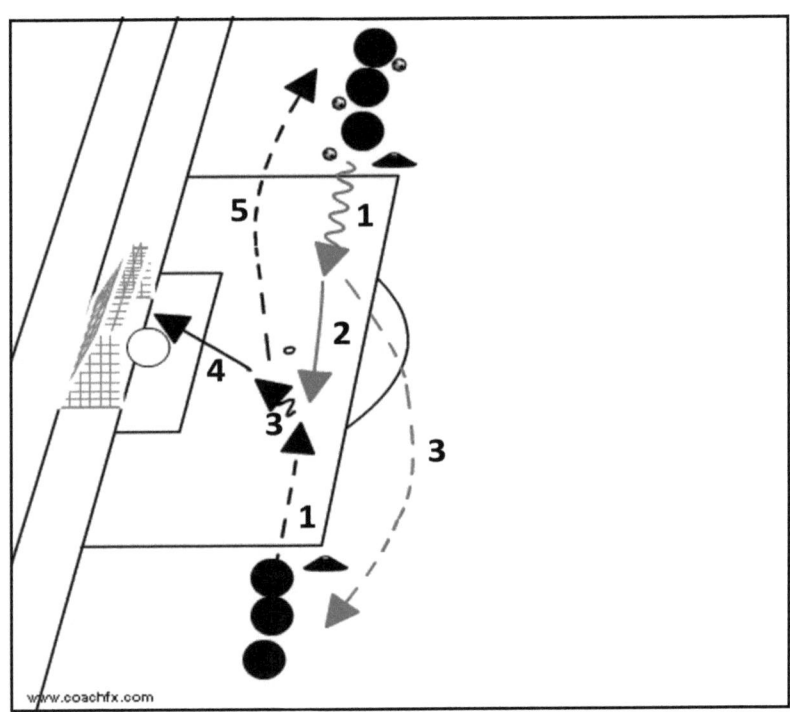

www.coachfx.com

Merke: Die Dauer dieser Übungsreihe ist stark von der Konzentrationsfähigkeit der Kinder abhängig. Dementsprechend muss die Anzahl und die Übungsdauer jeder einzelnen Übung angepasst werden.

Abschlussspiel

Nach dieser anstrengenden Übungsreihe, darf ein normales Abschlussspiel nicht zu kurz kommen.

14. Trainingseinheit (Flanken/ Torschuss)

Austobphase

Begrüßungsphase

Aufwärmübung mit Training für das Kurzpassspiel (Innenseite)

Es werden Zweiergruppen gebildet, die Partner stehen dabei 3 Meter auseinander und einer ist in Ballbesitz. Sie spielen sich nun den Ball mit der linken und rechten Innenseite zu, und laufen dabei langsam rückwärts. Durch die stetig anwachsende Entfernung kann natürlich irgendwann nur noch der stärkere Fuß eingesetzt werden. Sollte nun auch hier einer der Beiden mit seinem Pass den Mitspieler nicht mehr erreichen, laufen die Partner wieder aufeinander zu, bis eine Entfernung von etwa 3 Metern erreicht ist. Danach laufen sie beim Passen wieder rückwärts usw.
Die Übung sollte nur 2 – 4 Minuten gespielt werden.

Grundübungen zum Flanken mit abschließendem Torschuss

„Knallt dem Trainer die Hütte voll"

Der Trainer steht dabei in einem E-Jugendtor. Etwa fünf Meter vom Torpfosten (links und rechts) entfernt, steht jeweils ein Spieler an der Torauslinie mit vielen Bällen. Zentral vor dem Tor, mit einem Abstand von etwa 15 Meter zu diesem, stehen die anderen Kinder hintereinander in einer Reihe.

14. Trainingseinheit (Flanken/ Torschuss)

Abwechselnd passen nun die Spieler von der Toraußenlinie einen Ball zentral vor das Tor. Der vorderste Fußballer läuft dem Ball entgegen und soll den Ball mit voller Wucht in die „Maschen" hauen. Der Pass soll dabei so gespielt werden, dass der Schuss aus etwa 10 Metern erfolgt. Der Schütze stellt sich nun hinten an und der Nächste aus der Reihe ist mit dem Schießen dran.

Sind alle Bälle verschossen, werden diese gesammelt und die Passgeber getauscht.

Nach einiger Zeit wird die Schusstechnik immer wieder zwischen Innenseitstoß, Innenspann- und Vollspannstoß gewechselt. Am Ende wird auch der schwache Fuß trainiert.

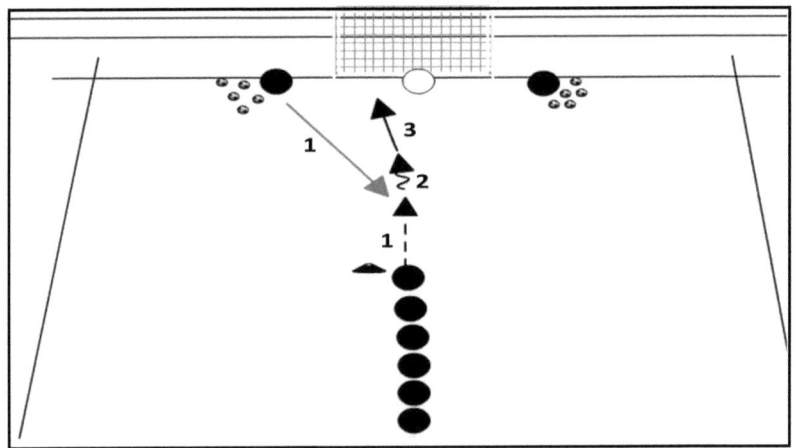

Eckballübung

Die beiden Flankengeber stehen nun mit ihren Bällen weiter vom Tor entfernt an der Toraußenlinie und bringen abwechselnd Eckbälle herein.

14. Trainingseinheit (Flanken/ Torschuss)

Die Entfernung wird so gewählt, dass alle Spieler brauchbare Flanken hereinbringen können. Ein Spieler steht im Tor mit Unterstützung eines Abwehrspielers. 20 Meter zentral vor dem Tor stehen die Kinder in Zweiergruppen hintereinander. Wenn sie gemeinsam Richtung „Tor" laufen, erfolgt eine Flanke von links oder rechts. Die beiden Spieler sollen nun irgendwie zum Torerfolg kommen (Direktabnahme, Kopfball, Dribbling oder Abspiel), der Abwehrspieler und der Torwart sollen sie daran hindern. Nach dieser Aktion wird der Ball zum Flankengeber zurückgepasst. Das nächste Paar startet und die vorherige Zweiergruppe stellt sich in der Reihe hinten wieder an.

Nach einiger Zeit werden die Positionen natürlich wieder getauscht.

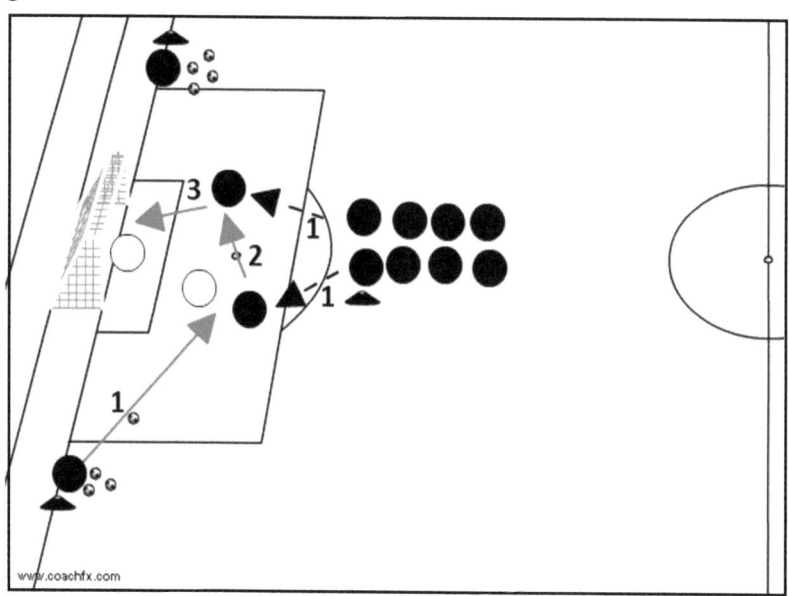

14. Trainingseinheit (Flanken/ Torschuss)

Beidbeiniges Flankentraining

Übungsaufbau und Ablauf:

siehe Grafik
Es werden 3 Gruppen gebildet, wobei die Positionen nach einiger Zeit getauscht werden. Die Spieler in der Mitte erhalten jeweils einen Ball. Der erste Spieler mit Ball spielt diesen in den Lauf des Flankengebers. Dieser durchdribbelt den Hütchenparcour, dribbelt weiter bis zur Toraußenlinie und flankt den Ball auf den mitgelaufenen Mittelspieler. Dieser versucht die Flanke zu verwerten. Jetzt erfolgt die nächste Flanke von der anderen Seite, usw.

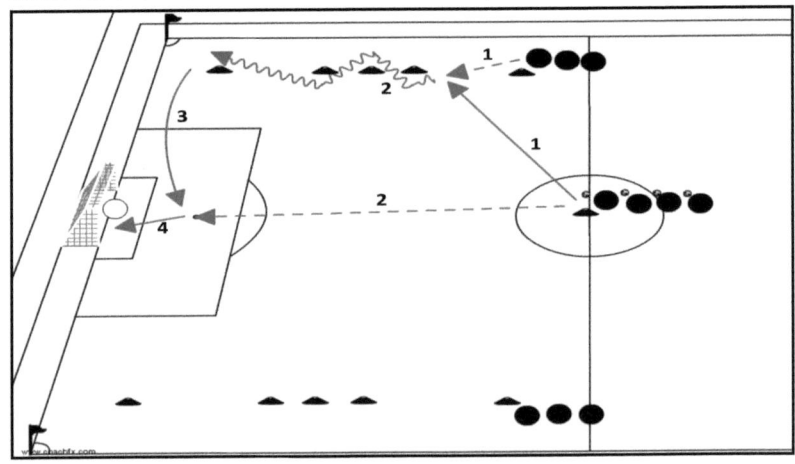

Abschlussspiel

Nach diesem konzentrierten Training erfolgt natürlich ein Abschlussspiel in beliebiger Form.

82

15. Trainingseinheit (Kopfballtraining)

Austobphase

Begrüßungsphase

Vorbereitende Kopfballübungen

Die einzelnen Übungen dürfen jeweils nur 2 – 4 Minuten durchgeführt werden, sonst führt es schnell zu einer aufkommenden Langeweile.

Merke: In dieser Altersklasse verwenden wir nur halb aufgepumpte Bälle oder wir trainieren sogar nur mit leicht aufgepumpten Volleybällen. Die Kinder dürfen bei Kopfballübungen keine schmerzhaften Erfahrungen machen, ansonsten setzen sich Angstgefühle fest und im Laufe der Fußballentwicklung der Kleinen, „kneifen" diese dann beim Kopfball oder Kopfballduellen im Wett- und Trainingsspiel.

Zuwurf zum Kopfball

Die jungen Fußballer werfen sich in Zweiergruppen aus angemessener kurzer Entfernung den Ball von unten zum Kopfball zu. Fliegt der Ball zu niedrig beim Zuwurf, wird er mit dem Fuß zurück gespielt. Nach kurzer Zeit werden die Rollen getauscht.

Kopfball nach Einwurf (erst ab E-Jugend)

Jetzt wird die gleiche Übung eingesetzt, allerdings mit einem Einwurf als Zuspiel.

15. Trainingseinheit (Kopfballtraining)

Kopfball oder Direktabnahme nach Eckstoß

Hier wird an zwei Toren mit Torwart parallel trainiert. Von links und rechts werden abwechselnd Flanken eines ruhenden Balles von der Torauẞenlinie geschlagen. Die Entfernung wird der Schusskraft angepasst. Die Flanken sollen hoch hereinkommen mit einem Abstand von 5 – 10 Meter zum Tor. Hier sind z.B. zwei Abwehrspieler mit Torwart positioniert, die das Tor verhindern sollen und vier Stürmer, die mit einem Kopfball oder anderen Direktabnahme (der Ball kommt nicht hoch genug herein) abschließen sollen. Missglückt die Direktabnahme und der Ball bleibt im Spiel, wird weiter um den Ball gekämpft bis die Abwehrspieler geklärt haben oder die Stürmer den Abschluss vollzogen haben.

Die Übung ist für diese Altersklasse sehr anspruchsvoll und erfolgreiche Abschlüsse sehr selten. Aber ein regelmäßiges Training von Direktabnahmen führt schon in der E-Jugend zu deutlichen Verbesserungen. Weiterhin macht die Übung viel Spaß, weil oft lustige Sachen dabei herauskommen und nach

einem missglückten Versuch, der Kampf um den Ball weitergeht.

Auch hier werden die Rollen wieder häufig getauscht, und diese Übung kann ruhig über 10 Minuten oder länger praktiziert werden (wir denken auch hier an den relativ weichen Ball).

Die Direktabnahmen werden intensiviert

Bei der folgenden Übung werden die Flanken wieder wie in der vorhergehenden Übung abwechselnd von links und rechts getreten. In der Mitte, etwa 10 Meter vor dem Tor wartet ein Stürmer zentral vor dem Tor. Die Übung kann mit oder ohne Torwart gespielt werden. Die Flanken sollen direkt verwertet werden. Eine gescheiterte Direktabnahme wird nicht weiter verfolgt. Sind alle Bälle hereingebracht worden (z.B von jeder Seite 5 Bälle), werden diese aufgelesen und ein nächster Schütze bestimmt usw.

Die Übung wird hier an vier Toren gleichzeitig trainiert, und ist auch hervorragend geeignet als eine Station für ein Stationentraining.

Abschlussspiel

Nach diesen Übungen wollen alle kleinen Fußballer ihre erlernten Techniken natürlich in einem Anschlussspiel umsetzen.

16. Trainingseinheit (Zweikampf/ fußballspezifische Kondition)

Austobphase

Begrüßungsphase

Miniaturfußball

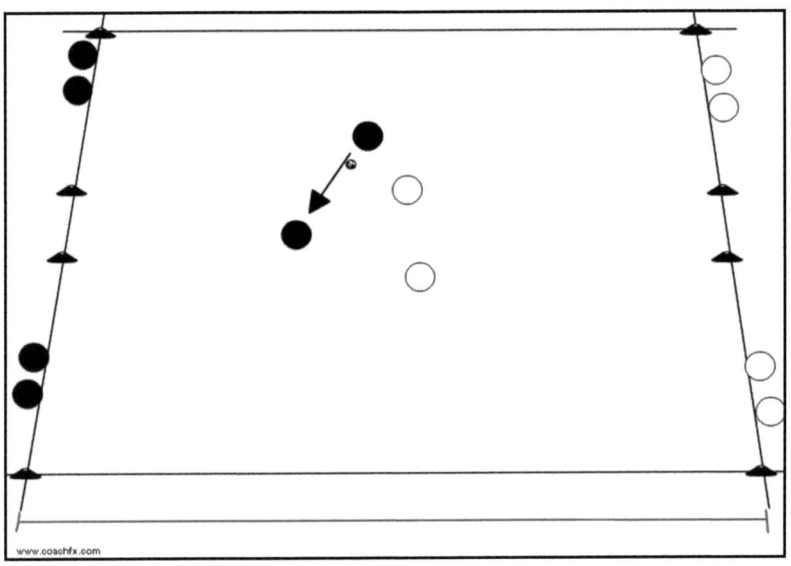

Zwei gleichgroße Mannschaften werden gewählt. Die Mannschaften werden in Pärchen eingeteilt und jedes Paar bekommt eine Nummer. Nur wenn in jeder Mannschaft ein einzelner Spieler übrig bleibt, wird mit Torwart gespielt. Bleibt nur in einer Mannschaft ein Spieler übrig, wird hier eine Dreiergruppe gebildet, die ganz normal nummeriert ist.

Wird mit Torwart gespielt, ist das Tor normal groß (5 x 2 Meter), ansonsten wird auf ein kleineres Tor oder Hütchen gespielt, die etwa 2 Meter auseinander stehen. Das Spielfeld ist ca. 25 x 25 Meter groß.

16. Trainingseinheit (Zweikampf/ fußballspezifische Kondition)

Gespielt wird mit Einwurf, Ecke usw., der Anstoß entfällt, der Ball darf nach einem Tor von der Toraußenlinie ins Feld gedribbelt oder geschossen werden.

Am Anfang befinden sich jeweils die Pärchen mit der Nummer „1" auf dem Spielfeld und spielen gegeneinander. Die anderen Zweiergruppen befinden sich hinter der Grundlinie ihres eigenen Tores.

Nach etwa einer Minute ruft der Trainer oder die Trainerin z.B. „2 rein". Jetzt laufen die jeweiligen Pärchen jeder Mannschaft ins Feld und es wird 4 gegen 4 gespielt.

Nach einer weiteren Minute wird das dritte Pärchen „reingerufen" usw.

Im gleichen Verfahren werden auch die jeweiligen Zweiergruppen wieder aus dem Spiel bestellt. Es befinden sich also mal, nur eine Zweiergruppe oder auch alle Zweiergruppen auf dem Feld. Auch können gleichzeitig mehrere Gruppen ins oder aus dem Feld beordert werden.

Natürlich gewinnt die Mannschaft, die zum Schluss die meisten Tore geschossen hat.

Die Praxis hat gezeigt, dass diese Form eines Fußballspieles den Kindern und auch Jugendlichen viel Spaß bereitet.

Schusstraining unter Bedrängnis

Die Spieler stehen etwa 30 Meter vor dem Tor (mit Torwart) in zwei Gruppen hintereinander und 2 – 3 Meter auseinander. Dazwischen steht der Trainer oder die Trainerin mit vielen Bällen und schießt einen möglichst gerade

16. Trainingseinheit (Zweikampf/ fußballspezifische Kondition)

Richtung Tor mit entsprechender Stärke (die Kinder sollen den Ball ja spätestens 10 Meter vor dem Tor bekommen). Die beiden Fußballer kämpfen nun um den Ball und sollen schnell den Torabschluss suchen. Danach bringen sie den Ball zum Trainer zurück und stellen sich hinten wieder an. Die Übungsdauer wird auf 5 – 6 Minuten (gilt auch für die folgenden Übungen) begrenzt und muss in schneller Abfolge durchgeführt werden. Bei sehr vielen Kindern wird ein zweites Tor mit Torwart eingesetzt (Betreuer oder Elternteil springt hier mit ein).

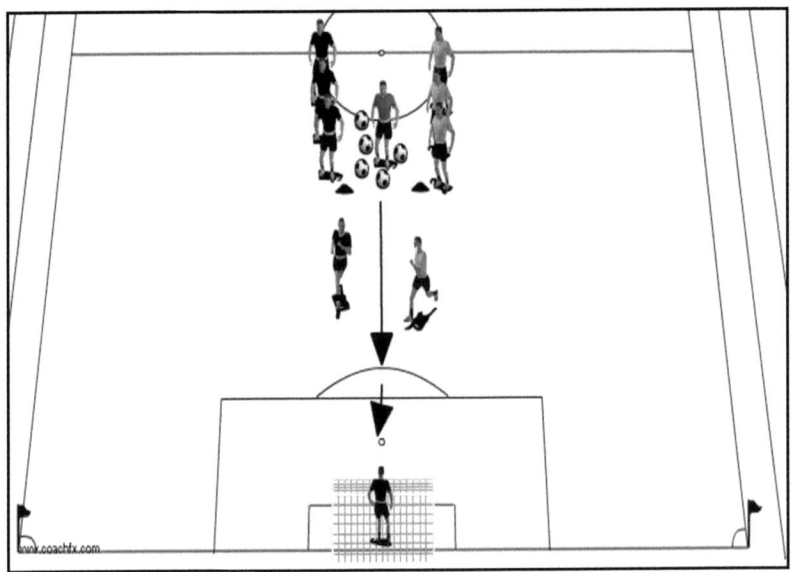

Abschlussspiel

Natürlich wird zum Ende des Trainings ein Abschlussspiel durchgeführt.

17. Trainingseinheit (Dribbeln/ Finten)

Austobphase

Begrüßungsphase

Elementare Finten- und Dribbelübung

Drei Spieler stehen jeweils hintereinander, der Vordere ist in Ballbesitz und steht neben einer Pylone. Acht Meter von dem jeweiligen Startdribbler entfernt steht eine „Wendepylone".

Er dribbelt zu diesem Hütchen, zieht den Ball dort mit der Sohle zurück, dribbelt wieder zum Starthütchen. Hier übergibt er den Ball und stellt sich hinten an.

Zuerst soll die komplette Übung ausschließlich mit dem rechten Fuß durchgeführt werden, nach zwei bis drei Wiederholungen wird nur der linke Fuß eingesetzt.

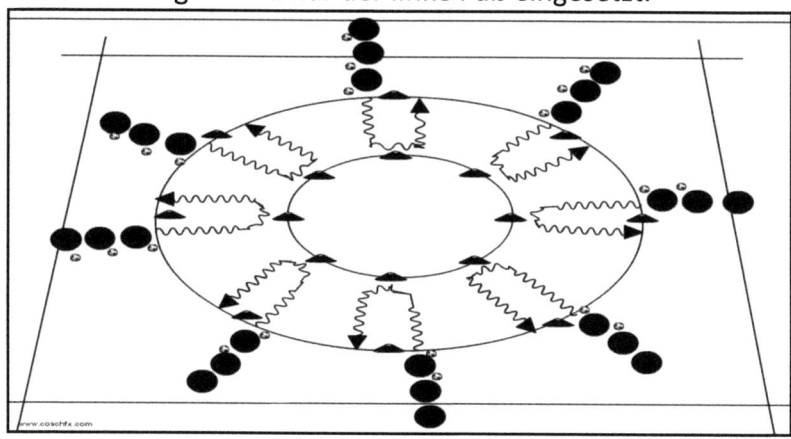

Danach erfolgt eine Variation der Übung. Die Spieler sollen sich komplett um das Hütchen mit enger Ballführung drehen. Auch hier wird die Übung anfangs nur mit dem rechten Fuß

geübt, einmal erfolgt die Drehung im Uhrzeigersinn, dann entgegengesetzt.

Nach einigen Wiederholungen ist der linke Fuß dran.

Zum Abschluss ist natürlich ein Wettkampf an der Reihe, mit Drehung in beliebiger Form um die Pylone. Jeder Spieler muss zweimal an den Start gehen.

Hauptübung

Die Hauptübung dauert etwa 15 Minuten. Ein Tor ist besetzt, etwa 15 Meter zentral vor dem Tor postiert sich der Trainer oder die Trainerin. 10 Meter weiter davor stehen die Spieler hintereinander in einer Reihe. Mit Betreuer oder Co-Trainer wird an zwei Stationen gleichzeitig trainiert. An jeder Station nur eine Finte, mit Wechsel nach etwa 5 Minuten. Die Spieler laufen zügig nacheinander auf den Trainer an und üben ihre Finte aus, ziehen am Trainer vorbei und schießen aus etwa 10 Meter Entfernung auf das Tor. Der Trainer ist natürlich nur ganz leicht aktiv tätig.

Bei dieser Übung sollte der Torwart häufig gewechselt werden.

Folgende Finten werden heute trainiert:

Finte 1: Die Spieler dribbeln mit Ball, täuschen einen Schuss kurz vor dem Gegenspieler an, dribbeln aber an ihm vorbei (hier ist die Hoffnung darauf gelegt, dass der Gegenspieler durch einen Schutzreflex oder Abwehrversuch des möglichen

17. Trainingseinheit (Dribbeln/ Finten)

Torschusses kurz abgelenkt ist und deswegen leicht umspielt werden kann).

Finte 2: Es wird wieder ein Schuss wie in Finte 1 angetäuscht, diesmal vollzieht der Spieler aber mit Ball ein komplette Drehung mit Ball (360°) und zieht mit Ball an der anderen Seite vorbei. D.h., er täuscht einen Schuss mit rechts an, dreht sich mit Ball rechts um die eigene Achse und umspielt den Gegenspieler auf der linken Seite (dementsprechend mit dem linken Fuß umgekehrt).

Finte 3: Zum Abschluss wird eine Finte mit einem Übersteiger trainiert.

Nummernspiel

Als letzte Übung spielen wir ein kleines Nummernspiel.
Es werden 2 gleichgroße Gruppen gebildet, die sich an der Toraußenlinie nebeneinander aufstellen. Jeder Spieler erhält in unserem Beispiel eine Nummer von 1 bis 4. Der Trainer ruft eine Nummer, woraufhin die beiden Spieler mit dieser Nummer zum Ball starten, den der Trainer ins Spielfeld schießt. Ziel ist es nach kurzem Zweikampf mit einem Torerfolg abzuschließen.

17. Trainingseinheit (Dribbeln/ Finten)

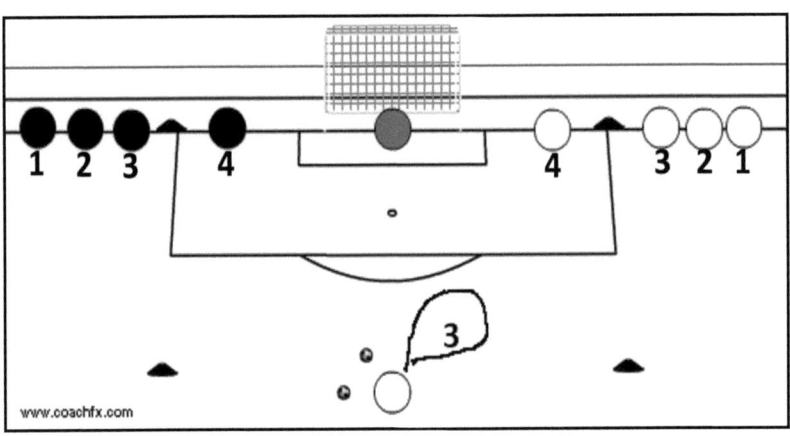

Abschlussspiel/Abschlussturnier

Nach diesen anspruchsvollen Übungen werden die Kinder mit einem langen Abschlussspiel oder einem Turnier von 3 – 4 Mannschaften belohnt. Bei vier Mannschaften sollte auf zwei Plätzen gleichzeitig gespielt werden (Doppelbetreuung erforderlich).

18. Trainingseinheit (Stationen-training/Finten)

Austobphase

Begrüßungsphase

Übung zur Verbesserung der Sprintbeschleunigung und der Reaktionsschnelligkeit (auch für F-Jugend geeignet/Wiederholung aus der 3. Trainingseinheit)

1. Es werden zwei Mannschaften gebildet, die nebeneinander etwa mit einem Abstand von 5 Meter stehen. Die Läufer der eigenen Mannschaft stehen jeweils 20 Meter mit festen Markierungen auseinander, die gegnerische Mannschaft parallel dazu.

Auf Kommando des Trainers oder der Trainerin laufen die Startläufer der beiden Mannschaften los. Die Markierungen befinden sich etwa 2 Meter vor jedem Läufer (z.B. zwei kleine Pylonen parallel und ein Meter auseinander).

Sobald ein Läufer durch die beiden Pylonen läuft, ruft er „LOS" und der Nächste startet.

Die Mannschaft, die den letzten Läufer durch das letzte Pylonenpaar bekommt, ist natürlich Sieger.

Hierbei wird die Sprintbeschleunigung und die Reaktionsschnelligkeit auf ein akustisches Signal hin trainiert.

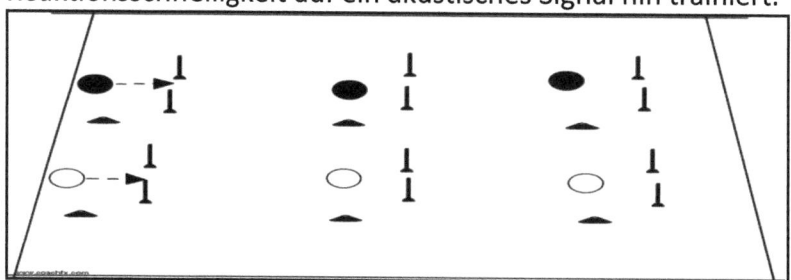

18. Trainingseinheit (Stationentraining/Finten)

2. Jetzt liegen alle Läufer in gleicher Entfernung zueinander. Der Startläufer läuft wieder auf ein Kommando los. Erst wenn er den folgenden Sprinter auf den Rücken klopft, darf dieser aufspringen und starten usw. (Training der Sprintbeschleunigung und der Reaktionsschnelligkeit auf ein taktiles Signal hin).

3. Gleiche Übung, aber jetzt dürfen die Läufer erst loslaufen, wenn der eigene Läufer an ihnen vorbeigelaufen ist. Alle Sprinter dürfen nur ganz nach vorn schauen (hierbei wird die Sprintbeschleunigung und die Reaktionsschnelligkeit auf ein visuelles Signal hin trainiert).

4. Ein letztes Mal wird der Wettkampf durchgeführt, aber jetzt in einer echten Staffelform (keinen harten Gegenstand verwenden, wir reduzieren jedes Risiko eines Unfalls). Der Startläufer läuft wieder los, und muss in einem Raum von etwa 5 Meter Länge, z.B. ein Band an den Nächsten übergeben usw. Der übernehmende Läufer soll schon starten, bevor er das Band bekommt, damit er schneller mit diesem weiterlaufen kann (wie eine echte Leichtathletikstaffel). Alles muss aber in dem abgesteckten Raum ablaufen (Training der Sprintbeschleunigung und der Grundschnelligkeit).

 # 18. Trainingseinheit (Stationen-training/Finten)

Stationentraining

An jeder Station trainieren vier Kinder. Die Stationen werden relativ schnell nach einigen Minuten gewechselt. Ist die gesamte Spieleranzahl nicht durch vier teilbar, wird natürlich dementsprechend improvisiert.

1. An dieser Station wird die Finte „Tempowechsel" mit Torabschluss trainiert. Der Spieler dribbelt mit mäßigem Tempo bis hohem Tempo. Dann zieht er den Ball mit der Sohle zurück und nimmt ihn explosionsartig mit der Innenseite oder dem Spann wieder mit.

Bei dieser Übung stehen die Spieler etwa 20 Meter hintereinander zentral vor dem Tor. Jeder Spieler hat einen Ball, ein Kind steht im Tor. Der erste Fußballer dribbelt mit Ball zum Tor. 12 Meter und 14 Meter vor dem Tor steht jeweils eine Pylone. Zwischen diesen Pylonen soll der Spieler den Tempowechsel vornehmen, und danach auf das Tor schießen. Der Torschuss erfolgt hier logischerweise etwa 12

18. Trainingseinheit (Stationen-training/Finten)

Meter vor dem Tor. Der Torwart wird immer nach drei Schüssen gewechselt.

2. Der Übungsablauf ist ähnlich. Nur steht jetzt etwa 12 Meter vor dem Tor eine Fahnenstange. Diese soll mit Ball einmal umkurvt werden und danach erfolgt sofort der Torschuss.

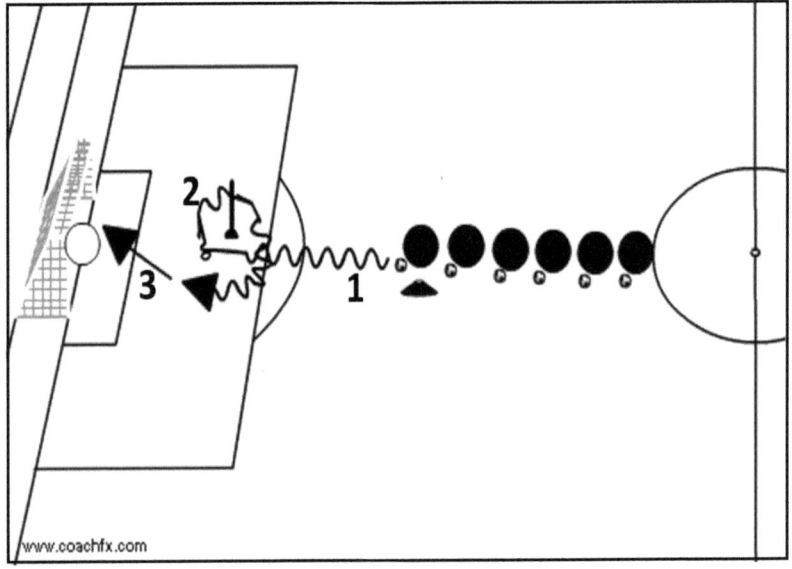

www.coachfx.com

3. Hier wird auf einem relativ kleinen Feld "3 gegen 1" gespielt. Erlaubt sind nur zwei Ballkontakte. Bekommt der Spieler in der Mitte den Ball oder berührt ihn, wird gewechselt.

4. An dieser Station stehen sich jeweils 2 Spieler gegenüber. Sie sollen sich den Ball hoch zupassen und den Ball sicher stoppen.

18. Trainingseinheit (Stationentraining/Finten)

Die Entfernung wird der jeweiligen Schusskraft angepasst.

Abschlussspiel

Natürlich wird zum Ende des Trainings wieder ein Abschlussspiel durchgeführt. Als Variation wird jetzt mit zwei Bällen gleichzeitig gespielt. Voraussetzung sind hier allerdings mindestens sieben Spieler pro Mannschaft.

19. Trainingseinheit (frei definierbar)

Austobphase

Begrüßungsphase

Diese Trainingseinheit soll der Trainer nutzen, um bereits absolvierte Trainingseinheiten miteinander zu kombinieren.
Hier sind im Besonderen Übungen aus den Trainingseinheiten 3, 4 und 5 gemeint.

Merke: An dieser Stelle möchten wir noch einmal ausdrücklich betonen, dass immer wieder Trainingseinheiten eingebaut werden sollten mit Übungen zur Verbesserung der Sprintbeschleunigung, Sprintkoordination, Reaktionsschnelligkeit, Förderung der Grundschnelligkeit und der Konterqualität wie in der 3. und 4. Trainingseinheit (besonders ab der E-Jugend).
Auch das Training der Schusstechniken für beide Füße, ganz besonders das Training des Vollspannstoßes, sollten immer wieder mit einfachen Übungen trainiert werden wie in der 5. Trainingseinheit.
In der F- bis D-Jugend werden die „Weichen" gestellt für die gesamte Fußballkarriere in Bezug auf Technik und Schnelligkeit. Der Vollspannstoß ist eine schwierige Schusstechnik und muss bis zur Perfektion trainiert werden. Spieler, die diese Technik beherrschen, haben einen großen spielerischen Vorteil. In der F- und E-Jugend sollten aber auch immer wieder mit Spaßeinheiten trainiert werden, wie Turniertrainingstage oder Einheiten mit Fangspielen oder Spiele wie Völkerball, Brennball, Handball usw.

20. Trainingseinheit (Passen)

Austobphase

Begrüßungsphase

3 gegen 1

Übungsaufbau und Ablauf:
siehe Grafik
Unsere Praxisarbeit hat gezeigt, dass diese Übung spätestens im zweiten Jahr der F-Jugend praktiziert werden kann. Die Übung bildet den ersten Schritt in Richtung Dreiecksbildung, und sollte so häufig wie möglich praktiziert werden.
Es wird ein Viereck mit Hütchen abgesteckt. 3 Spieler besetzen jeweils ein Hütchen und sind im Ballbesitz. Der eine Gegenspieler versucht in Ballbesitz zu kommen. Hier reicht bereits die Berührung des Balles, um mit einem Spieler die Aufgabe zu tauschen.
Es sollte vermieden werden, durch die Mitte zu spielen. Die Spieler müssen so verschieben, dass der Spieler im Ballbesitz immer nach beiden Seiten hin eine Anspielstation hat. Öfter die Aufgaben tauschen und die Übung nur wenige Minuten praktizieren, da sie sehr anstrengend, und auf Dauer auch langweilig ist.

 # 20. Trainingseinheit (Passen)

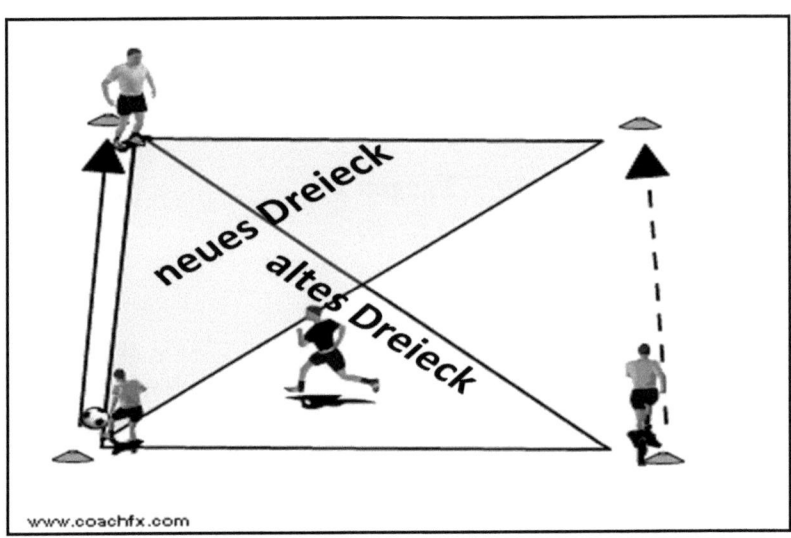

www.coachfx.com

6 gegen 3 und 4 gegen 2

Übungsaufbau und Ablauf:
siehe Grafik

Es werden 2 Vierecke mit Hütchen abgesteckt. Es wird ein 6 gegen 3 und 4 gegen 2 gespielt. Hierbei muss den Spielern klar gemacht werden, dass diese Übung für die Mannschaft in Überzahl gedacht ist. D.h., es soll sehr viel Bewegung ohne Ball bestehen. Hier soll im Besonderen das Spiel ohne Ball und die Dreiecksbildung trainiert werden. Vorstufe hierzu war die Übung „3 gegen 1".

Berühren oder erkämpfen die Spieler in der Unterzahl den Ball, tauscht ein Spieler mit einem aus der Hauptgruppe die Position (der Spieler, der am längsten in Unterzahl gespielt hat, verlässt die kleinere Gruppe). Diese Übung wird 5 – 10 Minuten eingebaut.

20. Trainingseinheit (Passen)

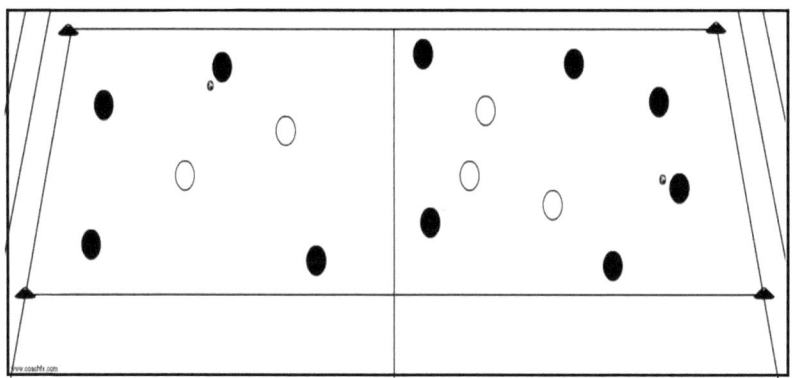

Passen mit Hindernis

Bei dieser Übung stehen sich zwei Spieler in 20 Meter Entfernung gegenüber, einer ist in Ballbesitz. Genau in der Mitte zwischen den beiden Fußballern steht ein Gegenspieler. Der Spieler in Ballbesitz passt den Ball hoch und über den Gegenspieler zu seinem Mitspieler. Dieser stoppt den Ball und passt in gleicher Weise zurück. Erfolgt ein Pass zu ungenau oder der Gegenspieler fängt den Pass ab, tauscht der Fußballer mit dem Fehlpass die Position mit dem zentralen Spieler usw.

Zuerst wird hier mit dem Innenspannstoß zugespielt, und dann mit dem Vollspannstoß. Diese Übung sollte auch mit dem „schwachen" Fuß trainiert werden, wobei in der Regel aber auf einen Gegenspieler verzichtet werden sollte,

20. Trainingseinheit (Passen)

(meistens kommen hier die weiten Bälle zu ungenau, nicht weit genug oder der Gegenspieler fängt den Ball ab). Die Übung wird nur wenige Minuten gespielt, sollte aber oft in das Training eingebaut werden.

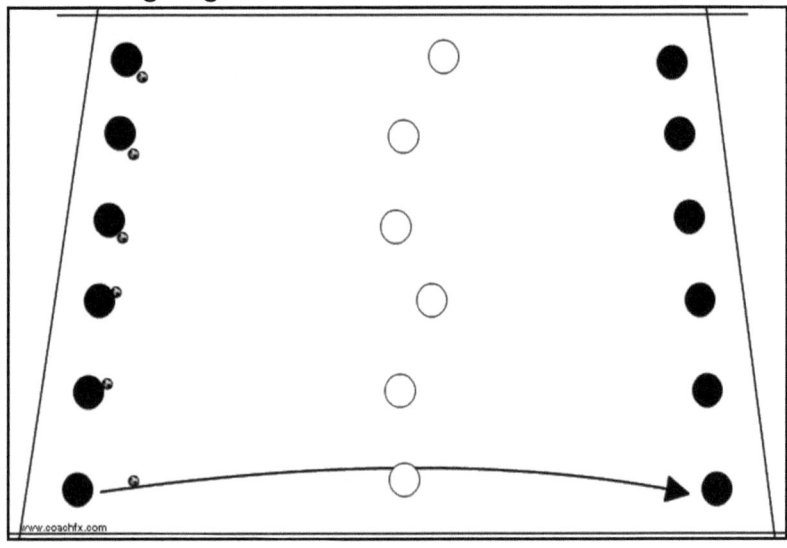

Passübung mit realem Spielcharakter

Diese Übung wird normalerweise frühestens ab der E-Jugend trainiert, und ist auch für den unteren Amateurbereich der Senioren noch eine anspruchsvolle Übung. Wir sind aber der Meinung, dass auch schon bei den E-Junioren diese Übung durchgeführt werden sollte, aber wegen der geringen Erfolgsquote immer nur über wenige Minuten. Ein Spieler ist in Ballbesitz, der Mitspieler steht ihm in einer Entfernung von etwa 15 - 20 Meter gegenüber. Hinter diesem steht ein Gegenspieler, der aber nur „halbaktiv" stören soll.

20. Trainingseinheit (Passen)

Der Spieler mit Ball dribbelt auf seinen Mitspieler zu, währenddessen dieser ihm zügig entgegenläuft, gefolgt von seinem Gegenspieler. Im richtigen Moment erfolgt das Abspiel auf den Mitspieler, der sofort zurückpasst (Doppelpass), sich um 180° dreht und am Gegenspieler vorbeisprintet. Sein Mitspieler hat nun die Aufgabe, einen langen und hohen Pass mit dem Innenspannstoß oder Vollspannstoß in seinen Lauf zu spielen.

Wird diese Übung mit dem schwachen Fuß trainiert, wird wiederum auf einen Gegenspieler verzichtet.

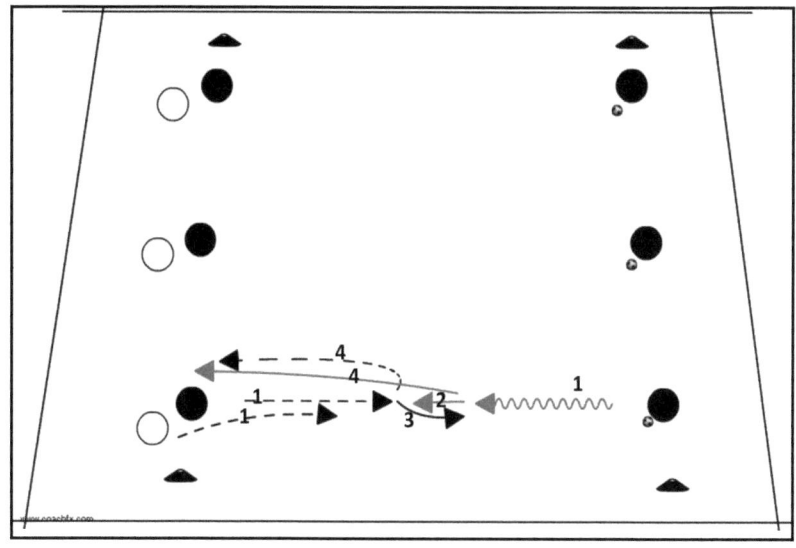

Abschlussspiel

Am Ende des Trainings wird ein normales Abschlussspiel durchgeführt.

103

 # Literaturverzeichnis

Claßen, M. / Schnepper, W.:
Bambini / F-Jugendtraining, BOD, 2013

Claßen, M. / Schnepper, W.:
Taktiktraining im Jugendfußball, BOD, 2011

Claßen, M. / Schnepper, W.:
Taktiktraining im Jugendfußball 2, BOD, 2012

Claßen, M. / Schnepper, W.:
Pressing mit System, BOD, 2012

Claßen, M. / Schnepper, W.:
Spielsysteme im Fußball, BOD, 2013